王 东 京 经 济 观 察

中国的前景

王东京／著

中国青年出版社

序 言

　　2008 年秋，美国金融危机爆发，落木萧萧，全球一片恐慌。局势将怎样演变，中国当如何应对，时逢百年一遇之经济变局，作为经济学人，我当然不敢有丝毫怠惰。故以《以前事为师》开锣，一路跟踪，一路写来，不知不觉便有了这数十万字的篇幅，今天得以与读者见面。

　　本书是继《中国的难题》《中国的选择》之后我个人"经济观察"系列的第三部，所录文章也都发表在《21 世纪经济报道》。要说的是，这次辑录出版冠名《中国的前景》，并非我要给读者描绘一个什么图景，而是因为很多文章讨论的皆是中长期问题，关乎国家的前途。当然，本人有自知之明，一介书生，从不相信自己能改变什么。然而天下兴亡，匹夫有责，对国家大事发表一些意见还是应该的吧。

很庆幸,我自三十四岁做了教授之后,就不必再为评职称写文章。1997年开始在《中国经济时报》写专栏,十余年来,我先后在《经济日报》《中国青年报》《21世纪经济报道》等报刊开专栏,每周一至两篇不曾间断。所以如此,我想应与功名无关。古人云:文章千古事,微言大义,立德、立言、立行。我虽不敢有此奢望,然"不因一己之恶而兴谤,不因一己之喜而饰非"却是自己一直恪守的准则。现在时过境迁,很多事已昨是今非,不过回头看,我多年前对中国经济的许多判断今天仍不变。

　　一本新书的出版,要感谢的人实在太多。我曾谢过导师,也谢过编辑,这里我要特别向1993年在中央党校学习过的学员致谢。可以说,是他们协助我完成了从"书生"到党校教员的转变。十八年前我进中央党校任教,刚三十岁出头,对国情一无所知,是那届学员教会了我怎样看世界,当年与他们在一起切磋的情景至今仍历历在目。哪承想,一晃近二十年过去了。逝者如斯,我已人到中年,那届学员也多数退休,大家现在见面的机会不多,但我会永远铭记他们的教诲。

　　去年年底,校委让我从经济学部调教务部工作。虽在同一所学校,但工作重点已从教学转向管理。往后的日子里,我会继续关注中国经济的发展变化,但写专栏怕是难得坚持了,不是不写文章,不可能封笔,只是不能再每周写一篇。说实话,我非常乐意与读者保持沟通,不论是否赞同我的观点,也不论是褒是贬,读者的反馈对我都是弥足珍贵的。

回头再说中国的前景。是的，作为改革的同路人，我一向看好中国经济的未来，而且对改革也充满信心。面对这场金融危机，中央政府运筹帷幄，果断出手，中国不仅率先走出了低谷，而且成为全球经济复苏的领跑者。还不仅如此，当下中国的改革开放正在进入更深的层次：转变发展方式，优化经济结构，调整利益分配，推动政治民主……这些，我相信都将成为中国未来持续发展的不竭动力。

两千年前，据说汉武帝夜观天象，目睹五星连珠，认为"五星出东方利中国"。在我看来，金融危机后的中国经济，正开始新一轮起飞。世界格局正在改变，浩荡潮流，不可逆转。我们有幸赶上了一个伟大的时代。这个时代，中国必将创造出无愧前贤后世，而且比大汉盛唐更为辉煌的奇迹！

王东京

2010 年夏于北京西郊大有庄

目 录

1

经济学与文风

附　录

发表时间索引

提 要 ▌

▌扩需方略

说 2008 年是中国经济较为艰难的一年,我同意。但要指出的是,今天我们遇到的困难,其实 1998 年也碰到过。历史有惊人的相似。十年前亚洲发生金融危机,如今美国发生次贷危机;十年前国企下岗职工 1200 万人,如今民企也有 1200 万职工失业;十年前长江、松花江发生特大洪灾,而今年先冰灾后地震,经济损失皆百年不见。古人云:前事不忘,后事之师。既然以前经历过,那么总结"前事"并加以借鉴,对解决今天的困难肯定有助。

政府投资可拉动内需,无疑问。但前提是政府只能投资公共品,一般竞争性行业则应鼓励企业投资。当然,这并不是说政府在非公共品领域可以不作为,不过政府当务之急是减税。不仅增值税要转型,税率也要调减。比如将所得税与增值税各下调五个百分点,不少企业即可转亏为盈。另外,为了刺激企业投资,政府还可提供贷款贴息。粗略算,假如能拿 500 亿元贴息,撬动社会投资少说也有 1 万亿元。四两拨千斤,政府何乐而不为!

为扩需再进一言　‖11

有消息说,中央财政今年将有近 3000 亿元投入社保,数字不小,可见政府足够重视。现在的问题是,这些钱该怎么花?我的意见很明确,雪中送炭,即优先保三类人:一是城镇低收入者,二是进城农民工,三是农村老人。不是富人不该照顾,但保富人毕竟是锦上添花,至少近期不必作为政府考虑的重点。

谁来救中小企业　‖15

此次中小企业大量破产,部分或许是经营不善,但多数却是外部环境所致。有目共睹,由于美国发生次贷危机,美元单边贬值,致使人民币币值对外上升了 25%。这等于说,中国出口品价格平均上涨了 25%。若产品质量未大幅提升,价格涨 25%,竞争力减弱,出口受阻可想而知。麻烦还在于,由于人民币有升值预期,大量国际游资涌入国内,于是导致国内流动性严重过剩,CPI 一路飙升。为控制通胀,央行不得不收紧银根。到去年年底,法定准备金率调至 17.5%,而贷款利率达 7.47%。不要说借贷成本高,就是企业贷得起,由于银行头寸紧,要贷款的企业多,僧多粥少,中小企业也是告贷无门。

勿误读"积极财政政策"　‖19

所谓积极财政政策,并不单指财政扩张(赤字预算),同时也包括减税。这并非我的主观臆断,有事实为证。比如去年国务院实施积极财政政策,政府一方面发国债,而且也同时推出了结构性减税。不错,我反复想过,积极财政政策的确应包含发债与减税两方面,发债扩大政府投资是积极财政政策,减税支持民间投资也是积极财政政策。即是说,但凡能刺激投资的所有财政举措,都是积极的财政政策。

■ 提问金融危机

别高看了经济学家 ‖25

　　金融危机明明是政府的过失,可人们为何一定让新自由主义出来背黑锅?研读经济学数十年,不敢说对新自由主义了如指掌,但有代表性的著作倒是读过不少。至少我未见哪位经济学家完全反对政府干预,他们反对的不过是政府的过度干预。新自由主义掌门人弗里德曼在他那本著名的《自由选择》一书中曾白纸黑字写得明白:政府的职责是"国家安全、社会公正、公共管理与救济贫民"。显然,经济秩序事关国家安全与社会公正。对扰乱经济秩序的行为,政府怎能不闻不问呢?政府不作为,与新自由主义何干?

也说中国高储蓄 ‖29

　　近来美国人的逻辑很怪。世人有目共睹,这回金融危机原本是美国自己疏于监管,导致次债泛滥,杠杆率过高与金融衍生品的过度证券化。可他们不躬身自省,却把责任推给发展中国家。恶人先告状。美国先是指责中国政府管制汇率,说人民币应该升值,后又埋怨中国人太节俭,储蓄率过高。关于人民币汇率我多次写过文章,这里不再说,至于中国的储蓄率,我至今想不出这与美国的金融危机有何瓜葛。

贸易保护成事不足　　‖33

　　一个国家实施贸易保护,哪怕你说得天花乱坠,其实质都是保护弱势产业。问题就在这里,明知是弱势产业,可为何还要护短呢?我看到的解释是,政府要保护就业。粗听起来也似乎在理,然细想却未必。想想吧,若政府不护短,而是将优势产业做大,不也一样能扩大就业吗?很奇怪,李嘉图的比较优势理论闻名天下,也未见有人反对过,可为何一碰到现实就忘到九霄云外了呢?

人民币升值中美俱伤　　‖37

　　美方拿"逆差"与中国说事,借口并不高明。而且据我推测,美方也是醉翁之意不在酒,真正目的还是逼人民币升值。可人民币升值不仅对中国不利,对美国也不利,是两败俱伤。尽管人民币升值会减少中国对美国的出口,但整体看,不可能改善美国的逆差。因为中国对美国出口大多是劳动密集型产品,而这些产业美国并无优势,美国不从中国进口就得从别国进口。终归是要进口,美国的逆差当然不会改善。退一万步,即便按美方所说,人民币升值能改善美国的逆差,可代价呢?

倾销是个伪命题　　‖41

　　所谓倾销,是说一国产品卖到国外的价格低于国内价格。这怎么可能呢?既然国内可以卖高价,谁会舍近求远低价卖到国外去?我不信哪个商家会那么蠢,也不信世上真有倾销这回事。除非有政府补贴,不然倾销就是个伪命题,是为推行"贸易保护"杜撰出来的借口。

▍保增长促就业

不必担心 GDP "保八"　　‖ 47

经济增长率与就业并无必然联系,人们大可不必再为能否"保八"争来吵去。其实,"8%"就是一个数字,在当今体制下,数字出政绩,政绩出干部。只要 GDP 与政绩有关,地方官员做大 GDP 有的是办法,易如反掌。想当年,国务院也曾提出"保八",结果呢?各省市报上来的数字达 11%,大出所料。中央要求压水分,左压右压,最后还有 7.8%。不管你信不信,我认为今年 GDP 增长绝不会低于 8%,不信我们赌一手。

促就业岂可头痛医头　　‖ 51

当前农民工大量失业,根本还在企业开工不足。据说年前珠三角失业的民工节后大量涌向长三角,令江浙一带的求职者猛增了30%。只可惜长三角的企业现在不少也是苦苦支撑,自身难保,它们怎敢贸然招人?所以解决就业问题,我认为有效的办法还是支持企业恢复生产。政府近来一手发国债,一手放银根,扩需效果好,有目共睹,但也有美中不足,那就是没有大手地实质性减税。

发展经济何必总喊"口号"　　‖ 55

所谓"口号",通俗地说,就是便于口头传播的号召。人家西方国家是否有口号我没研究过,不敢妄言。不过即便有,我想也绝不会像中国这样多。国人提口号本领一流,无论政府还是社团,但凡做大一点的事情,往往都要先提口号。我不反对口号,也不否认口号有动员功能。但换个角度想,人们所以提口号,那一定是指某项事情难办,需反复强调,否则若是手到擒来,提口号岂不多此一举?

调结构何以弄巧成拙　‖59

　　主张政府调结构的学者,不知是否想到过下面三个前提。具体说,若让政府作为调结构的主体,第一,政府要知道什么是好的结构;第二,政府官员要比企业家更懂得尊重市场规律;第三,用行政手段调结构要比市场机制更有效。若此三点成立,政府出面调结构我无从反对。问题是以上三个前提站得住吗?左思右想,我觉得这中间大有疑问,而且至今未见有令人信服的论证。

弯道超车:湖南凭什么　‖63

　　湖南选择走新工业化的路,肯定对,本人也曾写文章支持过。问题是湖南地处中部,谈不上有区位优势,且工业起步晚、底子薄,与周边比也无优势可言。手中无优势却要弯道超车,湖南凭什么?是的,湖南人有一股子劲,敢拼,也能拼,但我认为仅有拼劲并不够。好比你开的是拖拉机,别人开的是小汽车,拐弯处你却要强行超车,你觉得成功的希望会大吗?

▎收入分配变轨

何以提高"两个比重"　‖69

　　关于提高"两个比重",两年前我就分别写过文章,今天观点仍不变。不过最近我发现,提高"两个比重"说的其实是一回事。试想一下,若要提高居民收入在国民收入中的比重,不提高劳动报酬在初次分配中的比重行吗?当然可以通过减个税,但减个税照顾的只是中高收入者。若劳动报酬比重不提高,居民收入不可能普遍提高。这样看,提高居民收入在国民收入中的比重,关键是提高劳动报酬的比重。没有这个前提,舍本逐末,一切都是空谈。

农民收入可能下滑吗 ‖ 73

增加农民收入当务之急是政府要下决心调减增值税,至少降五个点。唯有减税让利,企业才可能扩大生产,创造更多就业岗位。其二是尽快完善社保体系。据说今年国债规模达9500亿元,政府有钱,也有意投入社保。若消息可靠,那么应该优先照顾农民工。其三是打破户籍限制。凡在城市打工三年以上的,应允许就地落户,对他们要一视同仁,让其享受当地市民的一切待遇。

限薪并非上策 ‖ 77

当下国企高管薪酬的症结,并不在年薪的高低,而是年薪制度设计有缺陷。这几年我走访的企业不少,与职工座谈,发现职工对高管薪酬有意见,不完全是因为高管拿钱多,而是年薪未能与贡献挂钩。大家议论较多的一种现象是,有些人本来在政府为官,对管理企业不在行,可一旦感觉升官无望,就设法转入国企任高管,摇身一变,年薪上百万。是他们对企业贡献大吗?非也。对企业无贡献却拿高薪,无功受禄,老百姓怎会没意见呢?

农民增收三大重点 ‖ 81

改革开放三十年,中国经济龙精虎猛,GDP总量已跻身全球第三,不容易,了不起。然而问题在于,如此庞大的经济体,若再主要靠出口拉动怕是不现实。横观天下,目今国家间贸易战狼烟四起,摩擦不断,这说明主要依赖外需已行不通。防患于未然,中国不如改扩内需,而且我也赞成把重点放在扩大农民消费方面。可当下的困难是,企业产品再多也不会白送人,而农民收入低,囊中羞涩,让他们拿什么消费?看来要扩大农民消费,归根结底得增加农民收入。

给农民发购物券如何　‖85

既然政府有意提供补贴,那么就不如直接给农民发购物券。相对定向补家电,发购物券至少有两大好处。第一,可充分尊重农民的自主选购权。众口难调,一个人需要什么只有自己最清楚。同是农民,张三需要家电,也许李四并不需要,若政府只补买家电的,对李四岂不是强人所难?第二,有利于企业调结构。企业生产什么或生产多少,一定是看需求,按需定产。若政府定向给补贴,需求就可能被扭曲。如此一来,企业调结构势必南辕北辙。

▌"三农"走向

粮食供应偏紧说　‖91

政府与其提高粮食保底价,倒不如补贴农民休耕。有计划休耕可减少粮供,供应偏紧粮价自不会下跌。再往深想,对国家粮食安全而言,储粮其实不如储地。只要耕地在,有生产能力,日后一旦粮食短缺,三个月就可把粮食种出来。由此看,适度储粮必要,但不是越多越好。若现有耕地不减,储备够半年之需足矣。

补贴农业不如放开价格　‖95

粮食安全是我们大家的安全。放开粮价,不过是让大家一起为粮食安全买单。这种见人有份的事,政府何必一家独揽呢?说到这里,有个误会要澄清,很多人担心放开粮价会引发通胀,其实这看法是错的。举个例子,假定全社会只有200元钱,100元可买50斤大米,另100元可买一件衬衣。现在大米涨价了,50斤大米需120元,那衬衣必降20元。大米涨价而衬衣降价,价格总水平怎会变?如若衬衣价不减,那仅有一种可能,就是人们手里的货币多了。

徐庄土地合作试验 ‖99

徐庄土地合作社,其实就是一个公司。从经济学角度看,对比分散经营,合作的优势一目了然。最明显的是,农民的市场地位会提高。过去农户小生产,势单力薄,无论采购还是销售,价格上只能任人摆布。如今有了合作社,背靠大树,农民也就有了还价的能力。另一方面,水利设施是共用品,过去谁都想搭便车,没人肯投资。现在有了合作社集体投入,基础设施也会随之改观。

质疑"土地换社保" ‖103

我不同意土地换社保,是因为社保不是商险。在某种程度上,社保其实具有公共服务的性质,所以世界上无论哪个国家,社保都是社会统筹与个人缴费相结合,而且大头资金皆由政府出。如此,若让农民用土地换社保,这明显与社保的公共服务性质相抵触。我不是说农民不该缴费,该个人出的部分当然要出。我的意思是,个人缴费不至于要用土地换。一般地说,进城务工比种地的收入要高,若留守农民交得起费,进城农民工不会交不起,为个人缴费是用不着放弃土地的。

又见民工荒 ‖107

学界一片惊呼,中国人口流动已出现"刘易斯拐点"。有人断言,改革开放三十年,随着农业劳动力不断转向工业,工业部门的迅速扩张已将农村剩余劳力吸收殆尽。时至今日，劳动力供给已从过剩转为短缺。是这样吗？我可不这么看。不是中国不会出现"刘易斯拐点"，我相信这个拐点很快会到来，但今天还不是。支持此判断的事实是，2008年受金融危机冲击有2000万农民工返乡，而这些人至今不少仍滞留在农村。

住房与民生

政府可救楼市乎　‖ 113

政府作为公共利益的守护人，到底该不该去救市？事实上，当下政府面对两种诉求：等着买房的盼价跌，而等着卖房的却希望政府救市。各执一词，你说政府听谁的？自古难两全。若让我说，我选不救市。价格是市场信号，价涨代表短缺，价落说明过剩。商品过剩政府若再给保护，火上浇油，会造成资源更多浪费。

房价与地价：鸡与蛋的故事　‖ 117

人们两年前批评高房价，当时矛头是指向开发商；可这次房价上涨，很多人说是因为地方搞"土地财政"抬高了地价。千夫所指，于是"土地财政"也就成了众矢之的。究竟是地价推高了房价，还是房价拉高了地价？表面看，这问题不简单，很有点像"鸡"与"蛋"的关系。鸡生蛋，蛋生鸡，但世上到底是先有鸡还是先有蛋，的确难以说明白。不过从经济学角度看，高房价与高地价谁因谁果，我倒认为可以说清楚。但前提是大家要遵从经济分析的逻辑，不能只看现象忽略本质。

保障性住房何去何从　‖ 121

　　每年"两会"热点都多，而今年的热点之一是房价。说来也是，目今房价居高不下，令普通百姓望而生畏，为民代言，"两会"代表（委员）责无旁贷，不奇怪。也是"两会"期间，温家宝总理承诺，说要把今年的房价稳定住，办法是加大政府投资，增加保障性住房的供给。居者有其屋，加大供给当然好，但问题是保障性住房怎么建？好事办不好，老百姓照样会怨声载道。

"小产权"的是是非非　‖ 125

　　"小产权"作为一种经济现象，虽令人棘手，但也怪而有趣。说它怪，因为此现象今天西方国家并没有，改革开放前中国也不曾有。而说它有趣，是到了近二十年，骤然间在城乡结合部风生水起，遍地开花。为何会这样？学界有多种解释，而我认为是与以下条件有关：第一，土地分属国家与集体所有；第二，城市"大产权"供应不足而房价高企；第三，对集体土地征用的补偿明显低于市价。没有这三个条件，"小产权"是断不可能出现的。

林权改革谁来补台　‖ 129

　　对林权改革的方向，我从没怀疑过。所谓"山定权、人定心、树定根"，意思是说把"林权"界定给农民，放权于民则人心稳定，农民会对山林倍加爱惜。然而令人费解的是，三年前葛源镇实行"林改"，随后集体林场解散。原本以为，农民拿到"林权"后会爱惜山林，可想不到，有些农户却将自己山上的用材林一砍而光。面对大面积砍伐，政府只能干着急，管不了。因为林权归了农户，农民享有处置权，砍伐自由，何时砍、砍多少都是农民的事，政府想管却师出

11

无名。

█ 看不见的手

央行最近多次说,适度宽松的货币政策不会变。做这样的表态可说用心良苦,目的无疑是为稳定军心。不过表态归表态,若从经济逻辑看,宽松的货币政策不可能长期不变。想得到的,一旦物价回涨,央行怎可能无动于衷?要知道,物价上涨有惯性,若是放任不管,等通胀真的到来时政府怕是措手不及。有过多次教训,政府这次绝不会再让自己被动的。

关于通胀有个误区,那就是所谓"成本推动通胀"。此说流传甚广,而且我看到的教科书谈到通胀时也都说有三种:一是需求拉动,二是成本推动,三是结构性。第一种我当然赞成,但说成本与结构能推动通胀,牵强附会,我不同意。经济学大师弗里德曼曾说得清楚,通胀是货币现象,只要货币供应不超量,就不可能会通胀。举个极端例子,假定全社会一年只生产两个商品:手机与计算机,价格均为2000元,价格总额为4000元。若年货币量(购买力)也刚好4000元,请问通胀何以发生?若手机涨价,受货币量约束计算机会降价,这样有升有降,物价总水平不会变。

春运高峰一年一度,是老问题。每到这个时候,铁路部门就兴师动众,手忙脚乱。当然最苦的还不是铁路部门,而是那些急着回家的民工，归心似箭可又一票难求。有人把这局面归罪于"黄牛党"，认为是"票贩子"从中作祟。于是铁道部今年推出新招，率先在广州、成都等地实行实名购票。实名制对打击"黄牛党"肯定有用，没人怀疑。但我不明白的是，打击"黄牛党"与改善车票供应有何关系？假如没有"黄牛党"，火车票难道就不紧张了吗？

再说春运火车票价格　‖147

放开铁路客运，票价是否会漫天涨价？我的看法是不会。说过了，铁路面临公路与空运的竞争，火车票价若接近机票价，顾客会选择坐飞机，若低于机票但比汽车票价高太多，顾客会改坐汽车。所以一般说来，火车票价会在机票与汽车票价之间浮动。其实，早几年春运期间车票价上浮20%而平时下浮10%就是不错的办法。春运多付点钱，平日少付点钱，算总账对消费者也公平。

政府采购呼唤竞争　‖151

降低采购价格当务之急是要打破垄断。现在的问题是，"集中采购"由政府操控，用什么办法能将竞争导入呢？我的考虑有三点：第一，政府应同时设立多家采购机构，且彼此独立，分别考核；第二，允许购货单位货比三家，即是说，购货方最终从哪家机构订货可自主决定；第三，网开一面，保障购货方在政府采购价高于市场价时有退订的权利。如此一来，不仅政府采购机构间会有竞争，政府采购机构与代理商也会有竞争。

新书打折又如何　‖155

说图书是精神商品是对的，我同意。但我却不明白这与新书不准打折有何关联？精神商品也是商品，有哪家经济学说过精神商品的价格不能打折呢？事实上，"三协会"也不是主张完全禁折，而是说新书一年内不得打折。这就奇怪了，既然一年后可打折，为何一年内就不可以？俗话说，卖家总比买家精。若高价有人买，卖家是断不会打折的，而之所以会打折，那一定是不好卖。卖不出去还不准打折，这是何道理？难道非要等蚀本亏尽才可打折不成？

▌社会热点冷议

社会集资并非洪水猛兽　‖161

政府为何不让企业发债？我揣摩，政府的顾虑也许是怕企业捅娄子。不错，前些年是有企业发债给政府惹了祸，但这并不说明发债这种融资形式不可取。设想一下，假如我们当初有相关的法律，加上政府监管到位，企业能闹出那么大的乱子吗？所以我认为对社会集资不能一味地封杀，重点应当"疏"而不是"堵"。明知堵不住，就不如网开一面，让企业依法公开操作。只要公开了，政府反而好监管。

气候问题的经济学视角　‖165

哥本哈根会议最后不了了之，依我看，关键的原因是忽视了碳排权（产权）的界定。换句话说，是各国政府没有首先就是否限制"碳排权"达成一致意见。若大家有一致立场，都同意限制碳排放，并把地球可接受的碳排量按比例（比如按人口或国土面积）分配给各个国家（地区），实行增量调剂、存量补偿。如此，问题就将迎刃而解。

从"一价定律"看汇率决定 ‖ 169

目前人民币币值宜守不宜升，至少不应大幅度升。我不同意说稳定人民币汇率就是贱卖中国。汇率问题复杂，并非贱卖贵卖那样简单。如果说中国贱卖商品不妥，那么美国让人民币升值是何道理？将心比心，作为消费者，谁都希望买到的商品物美价廉。可人民币升值后，中国商品在美国市场必涨价。美国政府明知如此，可为何还要逼人民币升值而让消费者多付钱呢？美国人不傻，醉翁之意不在酒，背后原因我不说读者也知道吧。

民主的局限 ‖ 173

民主并非万能，也有缺失。阿罗悖论是一例。经济学者耳熟能详，不细解释。值得说的有两点：第一，由于人的利益偏好千差万别，若不分轻重缓急，动不动就全民公决，很多事情会议而不决，长期搁置。第二，真理有时掌握在少数人手里。改革总设计师邓小平提出了一系列改革思路，起初并不为世人所理解，但正是由于坚持"不争论"才能有今天的局面。由此看来，集中和民主两者各有利弊，如果结合得好可以取长补短，并行不悖。而要处置好民主与集中的关系，关键是把住三条：选人要民主，决策要集中，监督要到位。

"国进民退"是危言耸听 ‖ 177

对某件事大家有不同看法，很正常，应允许百家争鸣。但争鸣归争鸣，前提是首先得弄清事实。有两个重点：第一，当下国企收购民企是不是很普遍？第二，收购行为背后是否有政治背景？若既不普遍也无政治背景，说是"国进民退"就未免牵强，也有危言耸听之嫌。说我的观察，首先，目前国企并购民企只是个案而非普遍现象；

其次,虽然背后有政府推动,但绝无政治背景。

丽江空气该收费吗 ‖181

去年赴丽江调研,一天夜晚得闲,便与几位同行一起去听纳西古乐。纳西古乐我不懂,但对宣科先生的名气早有耳闻,慕名而去,当然结果也不虚此行。那晚不仅乐队演奏得好,宣科的主持更是别具一格。他操淡淡的滇西口音,谈古说今,风趣诙谐,不时令全场捧腹。而给我印象最深的是,宣科先生说丽江空气清新,应让我们这些外来客每人缴一元空气呼吸费。说者无心,听者有意。他一番调侃,当即让我想到生态补偿那方面去。

▌他山之石

美国经济复兴的启示 ‖187

为了对付"滞胀",里根总统改弦易辙,高举自由经济大旗,使出了"三减一稳"四路拳法:减轻税负、缩减开支、减少政府干预、稳定货币供应量。当七十八岁的里根告别白宫时,美国人民对这位演员出身的老总统心怀感激,恋恋不舍。里根政府的经济政策,使美国经济出现了复兴。

德国的第三条道路 ‖192

社会市场经济有两只手。左手是市场,调节自由竞争;右手是政府,完善市场秩序,保障社会公正。艾哈德就像一位艺术大师,将秩序融于自由之中,汲取二者精华,使联邦德国在战后经济重建中如鱼得水,发生了天翻地覆的变化,被誉为"世界经济史上的奇迹"。

经济学与文风

我选职业是误打误撞　‖ 230

曾对朋友说过,我选经济学做职业是无心插柳,误打误撞。从小生活在农村,父母目不识丁,学业上他们不可能给我建议,而上大学前,我对经济学也全然无知。于今回顾,当年选择学经济大概有两个原因。一是以为学经济能挣钱。小时候家里穷,常吃不饱饭,穷则思变,故考经济系就成了首选。再一个原因,就是此前我曾在乡下当过会计,算盘打得好,自以为有点学经济的基础。无知者无畏。就这样,我懵懵懂懂地踏进了经济学的门槛。

寄望《中国经济观察》　‖ 233

古人说,观大体为知,察根本为识。《中国经济观察》的主旨,就是提倡"观察中国经济",不仅要观大体,而且要察根本。立足中国国情,"谨思之,慎言之,笃行之";直面改革中的矛盾,既条分缕析,回答"是什么",又对症下药,提出"怎么做"。一句话:我们要着眼于解决问题,而不赞成关在象牙塔里坐而论道,夸夸其谈。

再谈湖湘文化　‖ 235

陈独秀曾写过一篇《欢迎湖南人底精神》,文中说,当人们无法过河时,就要造一座新桥。人类文明传统,就是一代又一代的历史人物艰苦奋斗创造出来的一座宏伟大桥。他相信,湖南将会人才辈出,为国家兴亡前赴后继。身为湖南人,对此评价我深信不疑。是的,只要湖湘文化继承延续,湖南人就会在国家危难之际挺身而出,"扎硬寨"、"打死战"、讲真话、干实事,担负起历史的使命。

那次在我办公室,罗辉向我介绍了他关于"动态股权制"的大致思路,也介绍了襄樊试点的情况。几个月后,我和几个同事到了襄樊。在那里,我们参观了企业,开了座谈会,约见了企业主管,也走访了普通职工。一路所见所闻,着实令人鼓舞。回到北京后,我在《经济日报》发表专文推介动态股权制,在《中国经济时报》也发表了大版的调研报告。文章刊出后,企业界好评如潮。

▌附　录

2008年第四季度以来,全球经济衰退对中国的影响日益明显,中国经济在持续五年的两位数高增长之后,增速回落。中央提出要统筹好国内国际两个大局,把保增长、促就业、调结构作为当前的工作重点。就如何解决我国现在所面临的经济增长放缓、就业矛盾突出等问题,以及产业结构调整、继续推进改革、转变经济增长方式等重大战略的实施,王东京教授如是说。

十七大提出转变经济发展方式,第一条就提出要坚持扩大国内需求,特别是消费需求的方针。启动内需当然要启动广大农村农民的消费,而要提高农民的消费就要提高他们的收入。所以从这个角度来看,研究"三农"问题,研究农民收入问题,不仅仅是农民问题,更是事关国家经济全局的战略问题。

对话山西"三个发展" ‖265

政府在转型发展中应该做什么,政府如何定位,这是一个关键问题。经济发展的主体是企业而不是政府,这个观点要明确。发展得好不好,首先是企业的问题。企业是经济主体,是市场主体。政府是"导演",而不是"演员"。究竟怎么发展,政府这个"导演"当然可以安排,通过你的产业政策,通过你的规划,通过你的政策倾斜,让企业登台表演。不过,最终"演戏"的还是企业。

健全土地流转机制是当务之急 ‖272

土地流转的基本前提,是不改变耕地的基本用途。农业的文章做到产业化上,并不是说农业用地要用在工业上,而是农民自己要进行深加工、产业化。农村的文章做到城镇化上,是说加强城镇化,给农村人口提供就业空间。更多的地节约出来,搞规模化经营,并不是改变农业耕地的用途,18亿亩耕地是个红线,是不能动的。

到哪里寻找大智慧 ‖282

王东京教授的书更值得细读,而且也经得起推敲。《中国的难题》如是,《中国的选择》亦如是。你得细嚼慢咽、思前想后,你得吸收、反刍、思索、质疑……等你如此这般地完全读懂了读通了,你会若有所思,另有发现:小文章寓意大乾坤,一点不假。

微观视角的大笔乾坤 ‖286

期待了近两年,王东京教授新作《中国的选择》终于呈现在读者面前。捧书在手,又一个沉甸甸的惊喜。东京教授视角独到,书中观点鞭辟入里,言人所未言,令人掩卷遐思。文笔隽永是他一贯的风格。行文平实,时有睿智诙谐之笔让人会心一笑。读罢全书,感觉东京教授呈现的是一幅画卷,一幅催人思考、让人凝思的画卷。

一本走出来的著作 ‖ 289

经济转轨期的中国正在发生什么,每一项决策、每一次选择因与果背后的逻辑是什么,宏观至汇率制度,微观至加薪的困难等等,在《中国的选择》中,你都可以找到另种释疑与新的视角。触摸当今中国如火如荼的变革,《中国的选择》呈现给你的是一幅中国经济脉络全景图。

扩需方略

1

以前事为师

对当下中国经济形势的判断，学界说法多，有喜有忧。不过看报纸，主流的看法还是经济基本面未改变，会继续向好。而本人的判断也大致算乐观，不是经济无隐患，而是说只要政府处理得法，兵来将挡，中国经济当可化险为夷。

说 2008 年是中国经济较为艰难的一年，我同意。但要指出的是，今天我们遇到的困难，其实 1998 年也碰到过。历史有惊人的相似。十年前亚洲发生金融危机，如今美国发生次贷危机；十年前国企下岗职工 1200 万人，如今民企也有 1200 万职工失业；十年前长江、松花江发生特大洪灾，而今年先冰灾后地震，经济损失皆百年不见。

古人云：前事不忘，后事之师。既然以前经历过，那么总结"前事"并加以借鉴，对解决今天的困难肯定有助。过去做得对的，今天可照做；不足的地方，今天加以改进。问题是过去哪些做得对而不足又在哪里，见仁见智，要有一致的看法不容易。好在十年不遥远，大家又都是过来人，我说点看法，算一家之言吧。

先说做得对的方面，大处看，我认为有三点。

第一，财政政策及时掉头。众所周知，1998年之前宏观调控基调是"从紧"，不仅财政从紧，货币政策也从紧。1997年亚洲金融危机后，政府为拉动内需，当机立断改行积极（扩张）财政政策。当年的举措是财政发行1000亿元特别国债，同时借商业银行1000亿元贷款，这些钱统统用于基础设施投资。跟下来四年，财政每年发1000多亿元国债支持西部开发。

第二，适度放松货币政策。为刺激投资，央行双管齐下，一手下调存款准备金。仅1998年一年就下调了五个百分点，从13％降至8％。一手降低银行利率。在朱镕基总理任内，利率一连降了九次。不仅如此，为刺激消费，1999年起央行又推出消费信贷，鼓励人们购房买车。应该说，这些政策有力地拉动了内需，对遏制经济衰退功莫大焉！

第三，稳定人民币汇率。1997年亚洲金融危机后，周边国家货币一边倒，纷纷贬值。而中国政府一诺千金：人民币不贬值。当年朱镕基总理说，人民币不贬值，一是中国要担负大国责任。二是中国的出口结构不同于周边国家，出口会受影响，但无大碍。三是可迫使国内企业实行产业调整与升级。现在看，朱总理做得好，完全对。设想一下，要是当时不稳住汇率，让人民币贬20％，那么现在就得升50％，大量投机热钱涌入，局面恐怕更难应付。

以上说的是经验，有教训吗？当然有。事后诸葛亮，也说三点。

首先，政府没有及时减税。经济学说，刺激投资应有两个重点：一是政府采购订货，二是为企业减税。财政发债增加政府采购，无疑可减少企业压库，但中国的企业多，而政府采购有限，鞭长莫及，政府不可能关照到所有企业。所以对多数企业来说，减税更管用。可遗憾的是，国家虽允许出口退税，但主体税率却未做调减。

其次，把物价问题看得太重。物价事关民生，不论东西方，政府都重视物价，没有错。但如果把物价看得过重，则势必会影响政府的决策。想当年，为把 CPI 控制在 3% 以下，政府始终不敢放开物价。不料后来物价负增长，通货紧缩，令原本疲软的消费市场雪上加霜。其实，消费者有种心理，买涨不买跌。商品涨价就抢购，降价则持币观望。

再次，没有大幅加薪。平心而论，朱总理当年是有意加薪的。记得 2000 年秋天朱镕基总理来中央党校演讲，正好我在场，那天朱总理说，三年内要给公务员涨工资，涨三倍。可结果呢？还是雷大雨小，不了了之。我想过，所以会如此，是政府没法给职工涨工资。官涨民不涨，必引发社会矛盾。另一层原因，政府未减税而加工资，会加大企业成本抑制投资。

写到这里，读者应已看到，当年政府应对"危机"虽有得有失，但总体得大于失。不过这都是十年前的事，如今危机当前，我们要研究的是从中能得到哪些启示。近来反复在想，答案四个字：扩大内需。是的，靠人不如靠己，何况美国经济前景如何尚未可知，中国有 13 亿人口，只要内需足够，拉动经济当不成问题。说具体点，我认为主要有三件事要做。

第一，义无反顾地减税。减税能刺激民间投资，不必说。可最近与财政部的几个朋友会面，谈到减税，朋友皆反对。他们的理由是，中国目前税负并不重，GDP 占比不到 25%。中国的 GDP 有多少水分说不清，而我的疑问是，去年 GDP 增长 11%，而财政增收 30%。财政增速是 GDP 的两倍，税负不重怎么解释？

第二，放松信贷与利率管制。绝非危言耸听，未雨绸缪，政府应谨防明年可能出现通缩。这两年银根紧，银行是无款可贷，而我现在却担心，若企业继续亏损，银行今后会不会有款不贷？防患于未然，与其将来放贷买棺材，还不如先借钱买药。为此央行应尽快放松信贷管制，同时让利率随行就市。

第三，提高最低工资标准。曾说过多次，相对 10% 的 GDP 增长率，消费物价涨 5% 不算高，关键是工资增长要跟上物价。年初出台新劳动法，明令提高最低工资，是好事。可企业界的反应普遍不叫好，何以如此？我认为给职工加薪没有错，问题在于政府没减税，若政府能减税，企业肯定会顺水推舟。

4万亿元扩需资金怎么花

　　为遏制当前经济颓势，最近中央当机立断，决定投资 4 万亿元扩需，大手笔，引来国际社会一片叫好。我个人对中央的决策衷心拥护，不过对政府扩需的方式却有保留意见。要不要写文章一直犹豫，考虑了好几天，想来想去还是决定写。不吐不快，就写出来和学界一起讨论吧。

　　看得出，政府此番扩需的重点是投资。已公布的方案，今年四季度先增加中央投资 1000 亿元，提前安排明年灾后重建 200 亿元，加上地方政府跟进，投资总规模估计将达 4000 亿元，接下来的明后两年，还有 4 万亿元。用投资扩内需，理论上当然对，也是凯恩斯当年说的重点。但有个问题要研究，即这些新增投资从何而来？若靠财政借债，政府投资必挤占民间投资，这样从扩需角度看，我看不出政府投资会有什么特别的意义。

　　我的推理很简单。政府发行国债，最大的买家是银行，若银行花钱买了国债，势必会减少给企业的贷款。此消彼长，鱼与熊掌不可得兼。问题是政府投资可以扩需，民间投资也照样扩需，可为何政府要亲力亲为呢？难道政府投资的效果要好过民间投资？研读经济学数十年，未见过令我信服的论证。相反，政府投资失败的例子多，形象工程、豆腐渣工程触目即是。

远的不说，以1998年那次扩需为例。当年政府用2000亿元投资基础设施，共上了72个项目。不承想，财政部与审计署半年后联检，发现竟有三分之一的项目资金被挪用。朱镕基总理在次年政府工作报告中提及此事，痛心疾首。他说："财政债券资金是人民群众的血汗钱，一定要花好用好。"如此语重心长，当说应引以为戒，可有些官员根本不听。最典型的是九江防洪工程，1999年一场不大的洪水就将其冲垮了。朱总理盛怒之下，大骂："豆腐渣工程，王八蛋工程。"

别以为朱总理骂的是"工程"，其实，他是骂传统计划经济的投资体制。细想一下，这些年为何办公楼装修总有人吃回扣，而私人装修又为何不见有？因为装修办公楼是花公家的钱办公家的事，而私人装修是花自己的钱办自己的事。今天政府直接上项目，就好比公家装修办公楼，人心不古，谁敢说不会有人又从中捞一把呢？

再有一层，也是我最担心的，政府为救眼前之急大举借债、大把花钱，那么日后会不会加重企业的税负？经济学中有个"李嘉图—巴罗等价定理"，该定理说，今天的国债就是明天的税。借债还钱天经地义，可是政府并不能点石成金，将来债务到期，还债必得靠企业多缴税。现在的税负本来不轻，若再加税，对企业无疑是雪上加霜。事实上，当下投资普遍萎缩，尽管原因多，但税负过重肯定是原因之一。

我说这些，并非反对政府投资。市场非万能，凡市场照顾不到的，政府就应该投。这一点，我想大家不会有分歧，分歧在于，政府投资的领域如何界定？按市场经济的政府职能定位，政府投资应限定在"国家安全、公共品、扶贫助弱"等方面。可就我所知，这次政府投资似乎已超出这个限定。民生、生态环保、灾后重建政府可以投，问题是有些基础设施（如机场、路桥等）并非公共品，这些项目完全可让企业投，只要给政策，政府是不必越俎代庖的。

当然，政府也有苦衷。眼下的困难是，出口受阻而内需不足。今年以来企业经营状况急转直下，加上银行惜贷，通货紧缩，如果此时政府再不援手，企业产品压库不缓解，经济衰退即成定局。不得已，所以政府只好突击花钱。是的，以往"罗斯福新政"是启动政府投资，1998 年我们扩需也是靠政府投资。可要追问的是，除了政府投资，难道拉动内需就再无他法了吗？

我的看法，政府扩需可从两处下手：一是投资，二是消费，且重点是消费。凯恩斯当年说重点在投资，那是因为他认为只有投资才有乘数（扩需）效应，而且随着收入增长人们的消费倾向会递减。现在看，凯恩斯是明显错了的。想想吧，既然投资有乘数效应，那么消费拉动投资，不一样也有乘数效应吗？说收入增长后人们的消费在收入中比重会下降，更是错得离谱。战后美国人的收入提高了三倍，可老百姓信贷消费却如家常便饭。

扩大消费真正的困难，我理解是短期内人们收入难以大幅提高。远水难解近渴，若收入不大增，扩大消费就只能画饼充饥。麻烦还在于，目前经济不景气，企业加薪不现实。怎么办呢？我的建议是，大幅提高城镇居民的保障支付标准与个税起征点，而对农村居民，政府应加大农村基础设施投入，为农民建立医疗与养老保险，甚至对贫困人口可考虑发放购物券。农村消费潜力大，只要有钱，农民一定会消费。

回头再说投资。政府投资可拉动内需，无疑问。但前提是政府只能投资公共品，一般竞争性行业则应鼓励企业投资。当然，这并不是说政府在非公共品领域可以不作为，不过政府当务之急是减税。不仅增值税要转型，税率也要调减。比如将所得税与增值税各下调五个百分点，不少企业即可转亏为盈。另外，为了刺激企业投资，政府还可提供贷款贴息。粗略算，假如能拿500亿元贴息，撬动社会投资少说也有1万亿元。四两拨千斤，政府何乐而不为呢！

为扩需再进一言

北京这些天正开"两会",不少记者登门造访。有趣的是,不论大报小报,提问几乎如出一辙,都是如何扩大内需?其实,此前就这个话题我写过多篇文章,想说的都说过。所以这几天答记者问多是老生常谈。不过读今年的《政府工作报告》,倒是有些新想法,不一定对,我姑妄言之,读者就姑妄听之吧。

那天看电视直播,温家宝总理向大会作政府工作报告,神情坚定,语气铿锵,说困难毫不掩饰,谈对策头头是道。给我的感觉,政府对摆脱当下困境胸有成竹。问过同事朋友,也众口一词,对温总理报告皆赞许有加。我个人的看法,大的方面,比如扩需的关键对策我赞成,但不讳言,对其中某些具体措施有建言。共五条,让我分点谈。

一、关于投资。政府要拉动内需,着力点无非是投资或消费,非此即彼,当然也可双管齐下。不过经验说,在政策操作上，不同时期还得有重点。比如凯恩斯与罗斯福，他们主张的重点是投资，而十年前政府扩需也如是。从当前政府扩需的举措看，毫无疑问，国债的大头还是投资。我理解政府所以重视投资，并非投资有乘数效应，而是与消费比，投资扩需见效快，可立竿见影。

是的，政府投资可救眼前之急。然而困难在于，投资虽可减少今天的过剩，但一旦产能形成就可能加重日后的过剩。怎么办？为防患未然，经济学的处理是要将政府投资限制在公共品领域。这里有个误会要澄清，很多人以为公共品就是基础设施。这种看法其实是错的。比如机场与路桥，不仅消费排他，而且服务可收费，这类基础设施并非公共品。温总理在报告里说，加工企业政府一个不投。我再补充一句，基础设施中的非公共品项目政府也不要投。

二、关于发债。今年财政举债 9500 亿元，规模之大前所未有。近万亿元债务会有风险吗？理论上不应有。国际经验说，只要债务不超过 GDP 的 3% 算适度，是可接受的规模。这样看，我国的 GDP 过 30 万亿元，9500 亿元债务当然不算多。我并不认为中国债务有安全隐患，我所担心的是，政府大规模举债会挤出民间投资。摆明的道理，借债还钱，今天国债发行多，明天政府就得多收税。企业税交多了，民间投资自然受挤压。

曾多次说过，就投资效果论，政府投资肯定比不过民间。这些年总听说公家盖楼腐败多，屡禁不止，可从未见有谁自家建房吃回扣，闻所未闻。是何原因？说到底是产权约束不同。既如此，政府何不放手鼓励民间投资呢？从经济学角度看，财政发债是增加政府投资，而减税则是刺激民间投资。所以政府与其大规模举债，就不如大幅度减税。

三、关于减税。温总理的报告说，今年结构性减税将近5000亿元。年初我得到的数字是3000亿元。其中增值税转型减1300亿元，出口退税400多亿元，所得税合并减300多亿元，停止收费1000多亿元。现在5000亿元怎样来的我不知道，相信财政部官员测算过。可我的疑问是，当下这些减税政策到底能否落到实处？前不久我到沿海几个省调研，与企业家座谈，许多人抱怨他们既不买设备，也无出口与赢利，结构性减税于他们不过是画饼充饥。

不错，结构性减税对多数企业来说，好看不中用。由此想深一层，既然多数企业不受益，照顾的只是少数企业，那么减税5000亿元岂不是在人为地制造苦乐不均？危机当前，政府本应鼓励公平竞争才对，即便减税，那也得一视同仁。因此，我认为政府应主要调减增值税。事实上，下调增值税才是普度众生之举。

四、关于物价。政府今年的物价目标，是要将 CPI 控制在4%以下。消费物价今年会突破4%吗？我看可能性不大。有前车之鉴。1998年，政府曾想将物价控制在3%以内，可结果却让人大跌眼镜，物价负增长。当前物价的主要危险，我认为不是通胀而是通缩。刚公布的数字，2月份 CPI 为 −1.6%，而 PPI 为 −4.5%。是否已通缩还难说，但有一点可以肯定，若价格再走低，等人们形成降价预期拉动消费会更困难。

举房地产的例子。眼下国内房市为何一蹶不振？原因之一，就是人们对未来房价普遍看跌。大众有一种消费心理，买涨不买跌。想想吧，明知房价明天要降，你今天会买房吗？当然不会。所以为拉动消费，适度通胀反而有助，何况相对 8% 的 GDP 增长，5% 的 CPI 也不高。由此看，政府当务之急应是防通缩。

五、关于消费。温总理重申，要坚持扩大国内需求特别是消费需求的方针。政府有意启动消费，当然好。关键在如何出招？我的看法，培育消费热点重要，而更重要的则是提高居民收入。若人们手里没钱，启动消费就是空谈。麻烦的是遇到经济萧条，指望企业加薪不现实，但不加薪人们又不消费。此难题如何破解？我认为可取之策是完善社保。经济学大师弗里德曼讲过，最终决定消费的是持久收入。只要未来有保障，无后顾之忧，老百姓当然会消费。

有消息说，中央财政今年将有近 3000 亿元投入社保，数字不小，可见政府足够重视。现在的问题是，这些钱该怎么花？我的意见很明确，雪中送炭，即优先保三类人：一是城镇低收入者，二是进城务工农民，三是农村老人。不是富人不该照顾，但保富人毕竟是锦上添花，至少近期不必作为政府考虑的重点。

就说这些，一孔之见，有理无理还请决策者定夺。

谁来救中小企业

近来房市与股市不济，政府出手救市的迹象明显。要不要救市，这里先搁置不论。我以为，当下比救市更要紧的是救中小企业。两月前的数据，上半年已有 6.7 万家中小企业倒闭。不是小数目，对此政府绝不可掉以轻心。

应该说，这些年中小企业对国家的贡献居功至伟。论产值与税收，均占到半壁江山；论就业，已占城镇就业的 70%。撇开产值与税收不论，单看就业，政府就不能袖手旁观。当然，这并非让政府为企业亏损买单。桥归桥，路归路。企业乃经济主体，理当自负盈亏。但问题是中小企业事关就业大局，政府怎能无动于衷呢？

此次中小企业大量破产，我的看法，部分或许是经营不善，但多数却是外部环境所致。有目共睹，由于美国发生次贷危机，美元单边贬值，致使人民币币值对外上升了 25%。这等于说，中国出口品价格平均上涨了 25%。若产品质量未大幅提升，价格涨 25%，竞争力减弱，出口受阻可想而知。

麻烦还在于，由于人民币有升值预期，大量国际游资涌入国内，于是导致国内流动性严重过剩，CPI 一路飙升。为控制通胀，央行不得不收紧银根。到去年年底，法定准备金率调至 17.5%，而贷款利率达 7.47%。不要说借贷成本高，就是企业贷得起，由于银行头寸紧，要贷款的企业多，僧多粥少，中小企业也是告贷无门。

再有，政府年初推出新劳动法，要求提高最低工资。给低工资者加薪没有错，可问题是政府应及时减税。税不减而加工资，工资必挤占利润，这对原本微利的中小企业，无疑是雪上加霜。4 月份赴珠海讲学，顺便看过几家厂，差不多都近于停产。一位在政府供职的朋友告诉我，珠海当时已有四分之一的工厂关门歇业。

是严峻的现实，不可能见死不救。不过事已至此，现在就看政府如何出招。我想到了几条，说出来供政府参考吧。

首先，也是最要紧的一点，即稳住人民币汇率。目前国内碰到的诸多问题，其实皆与汇率有关。早几年蒙代尔先生就说，人民币升值对中国大不利，会有灾难性后果。当时很多人不信，以为是危言耸听，可事实不幸被言中。今天痛中思痛，代价实在付得太大。曾有专家预测，美国次贷危机 9 月触底，随后美元币值会回升。不敢怀疑专家，可最近"雷曼"公司倒闭，经济风暴再起。看来，专家的推测也会错，不可全信。

有个奇怪的现象，这几年人民币对外升值，可对内却在不断贬值。何以如此？原因是人民币钩着美元，美元贬值，人民币就得升值。上文说过，由于人民币有升值预期，大量游资涌进中国，国内流动性过剩拉动了物价上涨，于是人民币对内贬值了。由此看，国内物价上涨，很大程度是美元贬值推动的。要打破此被动局面，可选之策我认为是让人民币转钩国内有代表性的一篮子商品。比如说，篮子里商品价涨，人民币对外也就贬值，反之则升值。

稳定汇率是一方面。另一方面，为应对当前经济不景气，政府必须适时减税。当年美国走出滞胀，得益于里根政府减税，今天布什政府遭遇金融危机，也大手减税。虽然眼下中国经济基本面尚好，但经济会滑坡无悬念。未雨绸缪，政府应当机立断予以减税，不仅仅是增值税要转型，所得税与增值税税率也应调减。唯有如此，企业加薪才不会挤占利润，经济才不会大幅回落。

令人困惑的是，学界主张减税的学者无数，可为何至今政府久拖不决？我估计，政府是担心减税后财政收入会减少。会吗？不一定！经济学的"拉弗曲线"闻名天下，且道理并不高深。拉弗曲线说，税率调减，政府对单个企业征税会少，但创业门槛降低，办企业的会多起来。企业多，为政府提供的税收会不降反增。里根政府减税的例子是明证，有案可查，不信读者去看有关文献吧。

最后说说中小企业融资问题。资金是企业的血液，资金链断裂，再生产则难以为继。最近跑了几个省，各地中小企业要求放松信贷的呼声不绝于耳。面对企业的强烈诉求，央行当然不能无动于衷，已出台的政策，9月份以来央行接连两次降息，并两次下调中小金融机构存款准备金率。看得出，央行要支持中小企业融资，动机再明显不过。

但问题在于，上面央行的两大举措也很难帮得上中小企业。就我所知，当下中小企业贷款难，并不完全因为利率高。事实上，许多企业民间借贷的利率要高出银行利率不止一倍。真正的困难，还是银根紧缩后中小企业贷不到钱。那么下调中小金融机构存款准备金率有用吗？表面上看有用，但深想却未必。

是的，很多人以为，放宽中小银行贷款会对中小企业有利，其实这只是想当然。要知道，小银行也是银行，在规避风险与追求收益方面，小银行与大银行并无二致。只要信贷资源短缺，大企业与小企业争贷款，小银行肯定也会优先贷给大企业。因为利率一定，而大企业还贷的风险低于小企业，在商言商，小银行为何不趋利避害呢？

并非反对发展中小银行。我的观点，解决中小企业的融资难题，关键不在银行大小，而在利率是否放开。小企业贷款风险虽比大企业大，但如果利率足够高，大银行也会考虑放贷。想想看，地下钱庄为何敢借钱给中小企业，不就是它们利率高吗？再说，大银行不能承担的风险，小银行怎会承担？由此看，指望中小银行为小企业分忧，纯属一相情愿。别无选择，当前央行最应该做的就是放开利率。

勿误读"积极财政政策"

前段时间学界一直在议论,"积极财政政策"该不该淡出?参加过几个座谈会,见仁见智,赞成与反对的声音都有,但总体还是主张淡出的多。两周前中央召开经济工作会,明确说明年积极财政政策不变。中央定了基调,照理我不必再写文章。然而与多方朋友交流,感觉不少人有误解,以为"积极财政政策"就是政府举债投资。这样理解虽非全错,但也不全对,事关大局,我认为有必要再澄清一下。

何为"积极财政政策"?国外是否有文献解释过我不知道,但可以肯定,在今天的西方经济学教科书里绝对找不到,应该是朱镕基总理的发明吧。十年前我接待过几位美国学者,谈到"积极财政政策"他们大惑不解。他们问:财政政策只有扩张性(赤字预算)与紧缩性两种,何来积极财政政策?在经济学里政府举债其实就是扩张性财政,中国何必别出心裁称"积极财政政策"呢？我的答复是，中国政府举债投资是为了保就业，不仅动机积极，而且效果也积极，所以是积极财政政策。

我自知这样回答难以服人，很牵强。因为西方国家政府发债投资也是保就业，从就业的角度看，人家与我们没啥不同。可问题是朱镕基总理当年为何不称"扩张性财政政策"而改用"积极财政政策"？实话说，我当时的想法是认为朱总理有难言之隐。1998年国务院政府工作报告给宏观政策的定调是，财政与货币政策皆从紧，可亚洲金融危机后中国经济大幅滑坡，2000万人失业，此情此势，若不改弦更张经济将难以为继。而困难在于，上届政府刚确定"财政从紧"，而新一届总理一上任就扩张，掉头太急场面上怕不好说吧。

事隔多年，现在回头看，自己当初不过是以小人之心猜度君子。其实，所谓积极财政政策，并不单指财政扩张（赤字预算），同时也包括减税。这并非我的主观臆断，有事实为证。比如去年国务院实施积极财政政策，政府一方面发国债，而且同时推出了结构性减税。不错，我反复想过，积极财政政策的确应包含发债与减税两方面，发债扩大政府投资是积极财政政策，减税支持民间投资也是积极财政政策。即是说，但凡能刺激投资的所有财政举措，都是积极的财政政策。

要解释的是，既然积极财政政策包含减税，可学界为何只将它与政府发债（赤字预算）相提并论呢？说起来，这其实也是事出有因。1998年首次推出积极财政政策，人们所看到的是，中央财政发行了1000亿元特别国债（同时向商业银行借了1000亿元配套贷款）投资基础设施，而当时并未减税。不仅如此，下半年还多追收了1000亿元的税。而本次政府启动积极财政政策，仅中央发债就达7500亿元，中央替地方发债2000亿元，规模之大，前所未有。眼见为实，这样人们把积极财政政策等同于政府举债也就不足为奇了。

是的，人们这么看不是毫无根据。但要指出的是，1998年那次政府投资基础设施，是因为基础设施当时是国民经济的瓶颈，拓宽瓶颈不仅有利于调结构，也可增加就业，一箭双雕，政府当然应该投。然而今天的情形已不同于以往，经过上一轮投资，基础设施已不再是短腿，再加多投资不过是锦上添花。事实上，基础设施太超前也是闲置，何况财政有挤出效应，政府发债越多，日后企业税负会越重，挤出的民间投资也越多。众所周知，中国的就业主要集中在中小企业，政府投资挤民间投资，对就业无疑得不偿失。

我说积极财政政策包含减税，还基于一个判断，即2010年的国债规模会小于今年。依据是，按国务院年前的部署，2009年、2010年两年扩需总共投资4万亿元，而其中安排国债（新增投资）是1万亿元。而2009年已发国债7500亿元，这样2010年国债最多是2500亿~3000亿元。国债规模大幅缩减，表明扩张财政政策开始淡出，可中央为何说明年积极财政政策不变呢？由此看，所谓积极财政政策不变，绝不是指财政的发债规模不变，而是政府刺激投资的取向不变，说得更明白些，是减税推动投资的政策不变。

曾说过多次，财政发债是增加政府投资，减税是增加企业投资。若2010年积极财政政策重点是减税，那么对企业（特别是中小企业）一定是利好消息。财政部估计，2009年实施结构性减税（加上停征部分行政收费），政府能为企业让利5000亿元，到底有没有 5000 亿元尚未可知，但我认为 3000 亿元肯定有。若明年继续执行结构性减税，政府让利的额度会更大。其理由简单：今年经济不景气，尽管国家出台了增值税转型等一揽子减税措施，但由于企业不添设备，加上出口受阻或无赢利，所以减税政策对多数企业是画饼充饥。但明年不同，有专家预计，随着经济回暖，明年减税将不少于 5000 亿元。

前几天在清华大学演讲，有学员问，国务院对积极财政政策重点转向减税有明确说法吗？明确的说法还没有，是我的推断。不过研究经济数十年，相信此推断不会错。中央强调，明年经济要保持平稳较快增长，而同时又说财政投资将转向民生。既如此，政府要拉动经济继续较快增长就得靠民间投资，而支持民间投资必减税。舍此无他，难道还有别的选择吗？

提问金融危机

2

别高看了经济学家

　　全球金融危机爆发，平民百姓受苦遭罪是实话。迷途当返，做错了事当然要总结。但想不到的是，人们竟会把矛头直指经济学家。今年早些时候澳大利亚总理陆克文说，新自由主义是全球金融危机的祸首。而上网搜索，发现对经济学家的批评铺天盖地。上月赴美参加"应对全球金融危机"学术会议，美方主题发言人费能文（James Feinerman）教授也说，新自由主义对金融危机难辞其咎。

　　究竟是怎么回事？新自由主义一度如日中天，然而风水轮流转，今天又千夫所指成了众矢之的。难道它真的给全球经济闯下了大祸吗？借这次赴美开会的机会，我拜访了美国财政部、世界银行、高盛、花旗集团等多家机构。一路访下来，大家说东说西，莫衷一是。不过那天与刚卸任的美国商务部前部长古铁雷斯先生共进晚餐，他的观点倒明确，认为发生金融危机与新自由主义无干，并对奥巴马政府当下的贸易保护政策表示忧虑。

还是说我的观点吧。美国此次发生金融危机，我的看法，根本原因还在政府监管缺位。有人说，金融危机是源自人的贪婪，这样解释不能算错，人类不贪婪，天下当然太平。但贪婪一定会导致危机吗？我看未必。请问，资本主义何时不曾贪婪？若说贪婪导致危机，那岂不是危机无时无之？可事实并非如此。近百年来，西方大的危机不过就两次。其实，只要政府对逐利行为予以规范，立规矩，惩处严明，经济秩序当可井然。

是的，这回美国次贷危机引发金融危机，说到底还是缺规矩或规矩不严。如果说银行放次贷是玩火，那么金融的杠杆操作则是火上浇油。比如一家投行本来自有资本仅1亿元，却可从银行借到30亿元，而保险公司居然还肯为其提供保险。这当然不是保险公司傻，因为它还可将保单卖掉。就这样，风险不断被放大，而政府却视而不见。终有一天，投行出险，贷款还不上，结果就像多米诺骨牌，一损俱损，保险公司赔不起，而银行也就厄运难逃。

我至今不清楚的是，金融危机明明是政府的过失，可人们为何一定让新自由主义出来背黑锅？研读经济学数十年，不敢说对新自由主义了如指掌，但有代表性的著作倒是读过不少。至少我未见哪位经济学家完全反对政府干预，他们反对的不过是政府的过度干预。新自由主义掌门人弗里德曼在他那本著名的《自由选择》一书中曾白纸黑字写得明白：政府的职责是"国家安全、社会公正、公共管理与救济贫民"。显然，经济秩序事关国家安全与社会公正。对扰乱经济秩序的行为政府怎能不闻不问呢？政府不作为，与新自由主义何干？

其实，经济学家对政府决策的影响，历来就无足轻重。不是吗？当年凯恩斯出版《就业、利息和货币通论》，力主国家干预经济，于是人们往往把凯恩斯与罗斯福新政联系在一起。殊不知，罗斯福推行新政始于 1933 年，而凯恩斯的《通论》1936年才出版。相隔三年，是凯恩斯影响了罗斯福吗？当然不是。20 世纪 70 年代，西方经济陷入滞胀，新自由主义应运而生，说西方政府治理滞胀借鉴了新自由主义经济学，没有错。但要指出的是，新自由主义几大巨头从未进入政府决策层，而弗里德曼本人连政府顾问都不是。我的意思是说，经济学家不过是药师，没有处方权，只告诉你什么药能医什么病。至于该吃什么药，最后开药方的还是政府。这样看，说经济学家误导了政府，不是看高了经济学家的影响力，就是低估了政府决策层的智商。

举几个例子吧。众所周知，弗里德曼历来反对"通胀"，为稳定物价与减少经济波动，他主张政府执行"简单规则"的货币政策。这是说，政府只需守住货币供应增长与经济增长（含劳动力增长）之间的平衡，大可不必动用"利息、贴现率与存款准备金率"等去频繁干预经济。可事实呢？这三大政策工具被政府用起来却如家常便饭。再有，弗里德曼关于扶贫曾提出"负所得税方案"，关于对付通胀曾提出收入指数化构想，关于资助教育曾主张推行学券制。对这些重要的构想与建议，政府又何曾采纳过呢？

回顾学说史，经济学的任何一派学说，其实都与它所处的时代分不开。假若说凯恩斯主义是大萧条的产儿，那么新自由主义则是"滞胀"的产物。最近突发奇想，面对滞胀，当年要是没有新自由主义经济学，美国政府会怎样做？我想政府照样会减少财政赤字，会控制通胀。想想吧，1933 年凯恩斯主义并未出笼，罗斯福不也在推行新政吗？20 世纪 70 年代美国已债台高筑，而政府刺激经济的办法又难以为继，通胀高企，故政府非改弦更张不可。而新自由主义的出现，不过是替政府给出某种理论印证而已。

国内不少读者以为，新自由主义就是所谓的自由化，这样理解纯属望文生义，大错特错。新自由主义作为经济学的一大流派，一是与凯恩斯主义对立，二是与亚当·斯密旧自由主义对应，与政治毫无瓜葛。可令人不解的是，不知为何国内总有人将其政治化，似乎借鉴新自由主义就是搞资本主义。如此上纲上线，岂不让人啼笑皆非！

也说中国高储蓄

　　全球智库峰会月初在北京举行，在金融危机背景下开会，大家谈得最多的当然是"金融危机"。代表来自不同国家，高手如林，有学界名流，也有企业精英。不过我听来听去，觉得多数人都是老生常谈。而那天周小川先生讲"中国的储蓄"，倒是引发我的思考，不是刻意为周行长捧场，而是他的话题重要。这里不妨借题发挥，也说说自己的看法。

　　个人感觉，近来美国人的逻辑很怪。有目共睹，这回金融危机原本是美国自己疏于监管，导致次债泛滥、杠杆率过高与金融衍生品的过度证券化。可他们不躬身自省，却把责任推给发展中国家。恶人先告状。美国先是指责中国政府管制汇率，说人民币应该升值，后又埋怨中国人太节俭，储蓄率过高。关于人民币汇率我多次写过文章，这里不再说，至于中国的储蓄率，我至今想不出这与美国的金融危机有何瓜葛。

　　据周小川先生提供的数字，目前中国居民的储蓄率为20%。这个比率高吗？这要看与谁比，若是与过度消费的美国比，当然是很高。不过纵向看，自己跟自己比，近十五年来国内居民储蓄率的变化并不大。我查看过有关数据，1992年至今，储蓄率基本稳定在20%上下。也就是说，中国的高储蓄并非始于今日，而是由来已久。可之前美国并未发生金融危机，这样看，说中国高储蓄导致了美国危机并不能令人信服。

　　经济学说，一个国家的居民储蓄率要受制于多个因素。它既取决于该国的文化传统，也取决于经济发展阶段与保障水平。从传统看，中国人崇尚节俭，自古亦然；而从发展阶段看，中国目前还是低收入国家，而且保障也不完善。设身处地地想，如果你收入不高，未来又缺乏保障，你敢不存钱吗？人同此心，美国人其实也一样，经历这次金融危机，美国的储蓄率最近不也回升到7%了吗？

　　美国指责中国储蓄率过高，我猜想，他们大概是说，美中贸易有逆差是由于中国人不潇洒，未大量购买美国货。是这样吗？难道把储蓄率降下来，中国人就一定会买美国货吗？我看未必。本人也是消费者，假如我要买消费品，就不见得要买美国的。绝非对美国有偏见，因为作为消费者，追求的是价廉物美，货比三家。可就消费品而论，美国似乎不具竞争力。吃的、穿的不必说，就是小汽车，"性价比"恐怕比不上日本的吧？不知别人怎样，反正我这些年就没买过美国货。

　　有个误解要澄清。很多人以为，储蓄率过高会挤压进口，这看法无疑是错的。事实上，高储蓄充其量只会减少国内消费，但这绝不意味着总需求会减少，更不会减少进口。举个例子，假如你年薪 10 万元，其中 3 万元存银行。这是说，你的钱没有尽数花掉，有 3 万元变为储蓄。表面看，消费似乎减少了 3 万元，但总需求不会变。因为你进入储蓄的 3 万元，银行会放贷给企业，这样投资就增加了 3 万元。所不同的是，假若这 3 万元用于进口，在你手里是买消费品，而在企业手里则买的是投资品。当然，银行也可能把钱贷给个人。如个人借钱投资，情形与此类同；如用做个人消费，社会总消费并未减少，改变的只是消费主体不同而已。

从美国的角度看，无论中国进口消费品还是投资品，顶多影响的是出口结构，出口总量不会少。当然话也不能说绝对，我思考过，如果中国的高储蓄会对"总量"有影响，那么，只有一种可能，就是美国投资品的竞争力不及消费品，或者中国对美国的投资品无需求。可事实是这样吗？情况恰好相反。由于美国劳工成本高，与中国比消费品毫无优势，有优势的则是高科技的投资品，且中国也迫切需要进口。这样只要对高科技不设限，美国的出口根本不吃亏。

其实，美国人并非不懂上面的道理，项庄舞剑，真正的目的是要逼中国为他们买单。更典型的例子是汇率。这些年美元在不断贬值，可美国总批评中国管制汇率。莫名其妙，中国有 2 万亿元的外储，要是政府不扶盘，岂不会输得更惨？外汇损失是一方面，关键是实体经济，由于人民币升值制约出口，去年中小企业倒闭无数，下岗职工近 2000 万人。美国 100 万人失业政府就大呼小叫，而中国的失业人数至少是美国的 20 倍，政府怎能坐视不管呢！美国可以放火，难道别人不能点灯？

还是说储蓄。那天周小川行长讲，中国政府一直试图扩大消费，也希望把储蓄率降下来。是实话，有据可查。1999年朱镕基总理在《政府工作报告》中就提出，"要实行投资与消费的双向拉动"，而党的十七大也强调，"要坚持扩大国内需求，特别是消费需求的方针"。然而困难在于，消费多少是消费者的个人选择，并非政府所能左右。上文说过，决定消费的除了文化传统，还有收入。消费观念政府可引导，难题是提高收入不能一蹴而就。而人们的收入预期不改善，储蓄率短期内不可能降下来。

我的观点，中国是发展中国家，想问题办事情一定要立足国情。别人说什么可以听，但不必全听。比如降低储蓄率，我们要一步步来，不必操之过急，更不可因外部压力而自乱阵脚。当前政府应做的，我认为，一是加大减税力度，企业有赢利才能给职工加薪；二是保障要广覆盖，并适当提高支付标准，无后顾之忧人们才敢消费。

最后说一句，那天周小川行长的发言总体很精彩，也有见地，但美中不足的是，他始终未指明中国的高储蓄与美国的金融危机无关。若换了是我，一定会把这个观点大声说出来。

贸易保护成事不足

　　过些日子我要赴美参加一个学术会议，主题是"如何应对全球金融危机"。乔治城大学校长约翰·德吉奥亚先生郑重其事，前几天来京一起商议会议的安排。我说题目好，但太大，大家容易自说自话。于是我建议大题小做，不妨集中讨论如何看待贸易保护问题。双边对此都感兴趣，而且也是争议的热点，学者们若坐在一起从学术层面研讨，应该是有意思的吧？

　　我说的所谓学术层面，言下之意，就是希望先把学术外的东西搁置一边，不管个人偏好，不管政治诉求，甚至不管国家背景。除了学理逻辑，其他统统不要管。比如对目今正在抬头的贸易保护的争论，由于牵扯到国家利益，政府间对话往往是公说公理、婆说婆理，吵来吵去也未见有何结果。而学者则不同，大家可站在中间立场，遵守共同的学术逻辑，做这样的交流，也许更能求同存异，达成共识。

话虽如此说，不过身为学者，我深知自己也是凡夫俗子，要不偏不倚地全然超于事外也很难。故为避免先入为主，本文将不针对任何国家，会尽量从理论方面谈。问题是学界理论多，鱼龙混杂，选何理论做依凭好呢？研读经济学数十年，在贸易理论方面我认为有两个人了不起：一是亚当·斯密，另一是大卫·李嘉图。他们的分工与贸易理论精彩绝伦，说后无来者应该不算夸张。

先说亚当·斯密吧。斯密 1776 年出版了他的《国富论》，书中关于分工能提高效率的观点，学界耳熟能详。制针是他有名的例子。斯密观察到，一枚小针的制作，通常需 18 道工序。若让一个人从头做到尾，一天恐怕难做一枚。但是如果分工协作，让每人负责一两道工序，那么每人一天可完成 4800 枚。分工何来如此神力呢？斯密的答案是，分工可使劳动专业化，可提高劳动的熟练程度。

顺着这一思路，斯密还把分工推及国家之间。为解释国际分工的好处，他首创了"绝对优势"概念。何谓绝对优势？简单说，就是自己强过别人的优势。举个例子，假若甲乙两国同时生产毛呢与葡萄酒，若甲国生产的单位成本分别是 100 元与 120 元，而乙国则分别是 90 元与 130 元。显然，两国相较，甲国生产葡萄酒有绝对优势，而乙国生产毛呢有绝对优势。若按绝对优势分工，甲国可只生产葡萄酒，乙国只生产毛呢，然后通过交换互通有无，这样双方均可省下 10 元成本。

生活中按绝对优势分工的例子很多，触目即是。然而由此又带出了另一个问题：假若生产毛呢与葡萄酒，甲国的成本都高过乙国，甲国无任何绝对优势，那么两国间还需分工吗？这个问题困扰学界近半个世纪，后来到了李嘉图才算有"解"。而解开此题的钥匙，则是他提出的"比较优势"。与绝对优势不同，比较优势是指自己的相对优势。比如你不仅会烧菜，同时也会缝纫和养猪，但比较而言，烧菜是强项，于是烧菜就是你的比较优势。一句话，比较优势是自己跟自己比的优势，与旁人无关。

是的，只要是自己与自己比，一个人总会有相对的优势。其实一个人如此，一个国家也如此。于是李嘉图说，只要各国在参与分工时能扬长避短，发挥各自比较优势便可双赢。还是以生产毛呢与葡萄酒为例。假如英国生产 10 尺毛呢需要 100 小时，酿造 1 桶葡萄酒需要 120 小时；葡萄牙生产同量的葡萄酒和毛呢，分别只需 80 小时与 90 小时。从绝对优势看，英国一无所长，两国似无分工的可能。但若从比较优势看，则仍可分工。比如葡萄牙专门生产葡萄酒，然后用 80 小时生产出来的葡萄酒与英国交换自己要花 90 小时才能生产出来的毛呢，可节省 10 小时。而对英国来说，用 100 小时制造出来的毛呢，可从葡萄牙换得自己要花 120 小时才能生产出来的葡萄酒，可节省 20 小时。

由此可见，一个国家能凭绝对优势参与国际分工，当然好。但上例表明，即便没有绝对优势，依托比较优势也照样能从分工中受益。不过这里要特别提点的是，无论斯密还是李嘉图，他们讲分工能提高效率，都有个重要前提，那就是贸易自由。贸易不自由，则分工无从展开，绝对优势与比较优势皆无从发挥。比如上面的例子，英国若限制进口葡萄酒，葡萄牙限制进口毛呢，如此两国间就不会有分工，而结果必是两败俱损。

回头再说贸易保护。一个国家实施贸易保护，哪怕你说得天花乱坠，其实质都是保护弱势产业。问题就在这里，明知是弱势产业，可为何还要护短呢？我看到的解释是，政府要保护就业。粗听起来也似乎在理，然细想却未必。想想吧，若政府不护短，而是将优势产业做大，不也一样能扩大就业吗？很奇怪，李嘉图的比较优势理论闻名天下，也未见有人反对过，可为何一碰到现实就忘到九霄云外了呢？

说过了，本文讨论贸易保护只从理论方面谈，不针对中国也不针对美国。不过写到这里有句话如鲠在喉，不吐不快。最近多次听温家宝总理向国际社会表态，说中国绝不搞贸易保护，而奥巴马最近推出的经济刺激计划中却保留了"购买美国货"的条款。相比之下，奥巴马显然棋差一着。我想问的是，当下美国货行销全球，若别的国家也学美国，不知奥巴马总统何以应对？

人民币升值中美俱伤

上周赴美参加"应对全球金融危机"的研讨会，开会前一天，经美国乔治城大学安排，我们拜访了美国贸易代表处。此机构离白宫仅数百米，办公楼旧而普通，看上去一点也不起眼。可别小瞧了这地方，据说所有对华贸易政策就是在这里酝酿的。那天美方出面的是三位助理代表，其中蒂莫西（Timothy Stratford）先生驻华多年，是位中国通。尽管我事先对这次见面期望不高，不过经过近两小时交谈，投石问路，对彼此的分歧多了些了解。

宾主见面客套话不多，美方先是介绍金融危机对美国的影响，给我印象最深的是，金融危机已令100万美国人失去了工作，100万个家庭失去了房子。对这些美国人的境遇，我当然表示同情。然而蒂莫西先生话锋一转，说此次金融危机与美中贸易持续逆差有关。他埋怨中国人过于节俭，对美出口多、进口少，批评中国政府管制人民币汇率。所以为改善美中贸易收支，他建议应让人民币汇率大幅升值。

中美贸易的口水战并非始于今日，由来已久是老话题，而蒂莫西先生提出的诸多批评也早在我意料之中，不奇怪。其实，我们也是有备而去。与我同行的陈启清博士与周绍雪博士为第二天的论坛已准备了发言稿，不过他们准备的是长篇大论，火箭大炮，近台快攻用不上。兵临城下，没办法，我只好临阵磨枪对蒂莫西先生的观点做出回应。

首先我承认，近些年美中贸易持续逆差是事实。然而如何看待美中逆差，或者说能否把责任归咎于中方？我的看法与蒂莫西先生显然不同。并非有意为中国开脱，而是从纯学术立场看，单以贸易顺差或逆差论对错，不仅过于武断，也不合常理。经济学说，一国有顺差，代表它出口大于进口，为别国提供了更多的商品，增加了外储；而逆差则说明进口大于出口，消费了人家更多的商品，同时减少了外储。可令人不解的是，美元原本就是国际储备货币，而美国消费了中国的廉价商品，怎会反倒觉得吃亏了呢？

事实上，在经济全球化的今天，无一例外，大家皆处在国际贸易链条的某个环节上，不买则卖，有顺差就会有逆差，只要不是强买强卖，便是利益共享，是多赢。当然，倘若一国贸易持续逆差，那也得调整，不然则会伤及国内就业。估计美方也正是从这个角度批评中国。不过我要指出的是，一国应该追求的贸易平衡，并非双边平衡而是多边平衡。比如中国对美国是顺差，但对日本却是逆差，而日本对中东石油国又是逆差，若仅讨论中美两国贸易，无论顺差逆差其实都毫无意义。

　　想想日常生活中的例子吧。如果把国内贸易理解为国际贸易，个中道理会更明白些。比如你经常去街头餐厅用餐，那么与餐厅之间，你永远是逆差，餐厅永远是顺差，因为餐厅不直接向你买东西。同理，餐厅需要从粮店买大米，那么餐厅与粮店之间，餐厅是逆差，粮店则是顺差。可是我问你，你会因为自己与餐厅之间的持续逆差而感到不满吗？或者有谁见过，世上有哪家餐厅会因与粮店的逆差而对粮店兴师问罪的呢？

　　由此看，美方拿"逆差"与中国说事，借口并不高明。而且据我推测，美方也是醉翁之意不在酒。真正目的，还是逼人民币升值。对此，那天蒂莫西先生直言不讳，说得清楚。而我的回应是，人民币升值不仅对中国不利，对美国也不利，是两败俱伤。不错，人民币升值会减少中国对美国的出口，但整体看，不可能改善美国的逆差。因为中国对美国出口大多是劳动密集型产品，而这些产业美国并无优势，美国不从中国进口就得从别国进口。终归是要进口，美国的逆差当然不会改善。

　　退一万步，即便按美方所说，人民币升值能改善美国的逆差，可代价呢？我能想到的，至少是美国人的实际生活水平要下降。过去买一件中国造的衬衣也许只需 70 美元，而人民币升值后可能要花 100 美元，这对美国人来说，摆明是净损失。不知美国普通消费者怎么看，我想天下不会有死活要逼商家提价的买家吧！就好比你去餐厅吃饭，为了减少你对餐厅的逆差，于是不断要求饭菜涨价，一直涨到你吃不起为止。请问你会那么蠢吗？

　　是的，人民币升值对改善美国逆差不一定有助，但对中国而言，影响则非同小可。很明显地，自 2005 年以来，人民币对美元实际升值20%，致使中国的出口大幅下挫。截至去年年底，有近8万家中小企业倒闭，2000多万人下岗失业，而且为数不少的企业开始向南亚外迁。"己所不欲，勿施于人。"既然美国不希望自己增加失业，又何必损人不利己，一定要逼人民币升值呢？除非另有难言之隐，不然逼人民币升值说是为改善美国的贸易收支，说破天我也不信。

美国要调整美中贸易逆差，依我看，对美国来说其实只需一着。举世皆知，美国的高科技冠于地球，而中国有近2万亿元的外储，当下又有意进口高科技。前几年有人算过，说一架波音飞机，可抵得上中国8亿件衬衣。这样，只要美国肯把高科技卖给中国，平衡贸易收支岂不易过借火？可那天蒂莫西先生说，美国也想卖些高科技给中国，但担心知识产权得不到保护。果真如此，那么双方要谈的就应是知识产权保护，而不该总去纠缠人民币汇率是不是？

倾销是个伪命题

美国宣布要对中国轮胎开征"特保关税"。消息传来，国内媒体一片哗然。中国历来不怕事，当然不会束手以待。作为回应，商务部立即表示要对美国出口到中国的肉鸡与汽车零部件展开调查。美国有错在先，中国以牙还牙完全占理，无可厚非。可英国《金融时报》发表社评说，美中双方应该保持冷静，否则一场全球性的"贸保战"将一触即发。

是危言耸听吗？恐怕不是。然而现实却令人遗憾，奥巴马政府在此事上确实有些欠冷静。不知发什么疯，美国这次对中国发难，并非应国内轮胎制造商的诉求，而据说是来自钢铁业工会的压力。莫名其妙，中国输美轮胎价廉物美，怎会伤到钢铁业的利益？再说，轮胎业美国本来就不想保护，何况"特保关税"又仅是针对中国，即便限制了中国轮胎进口，其他国家的低价轮胎却照进不误。损人不利己，不是发神经又是什么？

　　胡锦涛主席前些天在纽约面见奥巴马总统，说中国希望"类似事情不再发生"，而奥巴马总统则表示愿同中方通过对话和磋商加以解决。表态很好，也无懈可击，但我却看不出美国下一步究竟会怎样处理，会捐弃前嫌吗？不知道，还是静观其变吧。我的观点，不论美国最后怎么做，中国都不必加高美国进口品关税，也不必施以别的报复措施。冤冤相报无尽期，而且从经济角度看，报复也非上策，不可取。

　　不是怕得罪美国，更不用怀疑我的立场，生于斯长于斯，不可能不爱自己的国家。若认为不赞成报复就是不爱国，未免偏颇，太过武断！爱国是什么？是意气用事吗？非也。我体会，爱国就是为国家争取更大的利益。尤其搞经济贸易，若对方有错就鱼死网破，两败俱伤，怎会对国家有好处？比如你和邻居做买卖，他买你衣服，你买他粮食。可有一天邻居突然不买你衣服了，你会怎么做？明知邻居粮食比别人的便宜，你会为了报复而不买他的粮食吗？

　　是的，面子归面子，经济归经济，搞经济最重要的一点，就是要追求最大化利益。当然，为了斗气你也许会转从别处高价购粮，可冷静想想，这种死要面子活受罪的事你能坚持多久？中美贸易其实也是这个道理。如果美国刁难我们，我们也就不去买他们的产品，这无疑是拿别人的错误惩罚自己。所以我认为明智的做法是，你刁难你的，我买我的，只要自己有利可图，就大可不必在意美国的态度。

　　我不主张贸易报复，从理论方面说，是因为我坚信自由贸易能增进人类福利。斯密与李嘉图当年对此有过论证，逻辑井然；而且今天大学教科书也写得清楚，相信懂点经济学的读者对他们的理论不陌生，也无须再解释。这里我想重点讨论的是：第一，高关税究竟要保护什么？第二，高关税损害的到底是谁的利益？这两个问题虽有联系，但不完全是一回事，为行文方便还是让我分别说吧。

先说第一点。某国若要对进口品征高关税，据我观察，能说出口的理由无非有二：一是反倾销，二是要保护本国的产业。表面看，这两条似乎有理，让人无从反对。然而想深一层，其实都似是而非。所谓倾销，是说一国产品卖到国外的价格低于国内价格。这怎么可能呢？既然国内可以卖高价，谁会舍近求远低价卖到国外去？我不信哪个商家会那么蠢，也不信世上真有倾销这回事。除非有政府补贴，不然倾销就是个伪命题，是为推行贸易保护杜撰出来的借口。

当然有人会说，进口品价格低势必挤占国内市场，会冲击本国产业。这样说不算错。可我要问的是，高关税到底保护的是什么产业？若自己竞争不过就寻求保护，那岂不是在保护落后？古往今来，还从未见有哪个国家靠保护把产业搞得像样的，外国如是，中国也如是。家电是最好的例子。过去中国对家电进口征高关税，那时国产家电却乏善可存；后来关税降低，反而很快就雄视天下。另一方面，若进口品价廉就加高关税，大家都心存此念，那么何来国家间贸易？相同的商品，若进口品不比国产品便宜，消费者也不买呀。

再往深处想，高关税虽可阻挡进口，但背后其实也有代价。这正是我要说的第二点。很多人以为，高关税能保护本国产业，有百利而无一害，若那样想就大错特错了。事实上，对进口品征高关税，受益的只是少数企业，而损害的则是国内消费者。

不是吗？以纺织品为例，若一国提高纺织品关税，进口当然减少，但由此消费者的花费会更多。说到底，这是让消费者（多数人）为生产商（少数人）买单。你信不信，若让消费者投票公决，赞成高关税的绝对不会多。

奇怪的是，政府作为公众利益代表，理应维护多数人利益，可奥巴马为何要为保护少数人而出此下策呢？想来想去，顾及就业是一个原因，但不是主要原因。企业垮了会增加失业，但不会是长期失业。经济学说，竞争会推动资本流动，若无政府保护，劣势企业必会转产或升级，这样照样能创造出就业。由此看，奥巴马定是另有苦衷，而我所想到的是选票，美国企业工会声势浩大，而消费者一盘散沙，两相权衡，政府自然要屈服于工会的压力。

最后再说中国。新中国成立六十年，今非昔比，有 13 亿人口，不仅消费潜力冠于全球，而且还有 2 万多亿元外储。手里有真金白银，多点进口不伤大局，无所谓。塞翁失马，焉知非福？美国想折腾就让它折腾吧，中国可依法维权，但用不着去报复。不管怎么说，能让国人享受美国廉价进口品也不错。是时候了，我们不妨也好好潇洒一回！

保增长促就业

3

不必担心 GDP "保八"

　　转眼又到年中，时间近半，对今年的 GDP 能否"保八"，想不到学界至今还有争议。前几天参加全国工商联召开的经济形势分析会，有学者说，今年的 GDP 增长到不了 8%，只可能在 7%~8% 之间。言之凿凿，加上大量数据与图表，由不得你不信。可对此我却不以为然。实话说，对"保八"我历来看得轻，认为不是重点。不过既然这么多人关心，这里就说说我的看法吧。

　　中国经济增长今年到底能否"保八"，之前我未写文章。所以按兵不动，原因是觉得这场争论意义不大。为何一定要"保八"？多数的解释是当前就业压力所逼。据说 GDP 增长若低于 8%，则会有大量的失业。果真如此吗？我看不一定。一般说，GDP 增长有可能增加就业，但仅是可能而已。比如经济若靠劳动密集型企业拉动，GDP 增长可推动就业无疑问；若是靠资本密集型企业带动，GDP 增长即便达到 8%，对扩大就业也未必有帮助。

当然不是说 GDP 无足轻重，我的意思是，经济增长率与就业并无必然联系，人们大可不必再为能否"保八"争来吵去。其实，"8%"就是一个数字。在当今体制下，数字出政绩，政绩出干部。只要 GDP 与政绩有关，地方官员做大 GDP 有的是办法，易如反掌。想当年，国务院 1998 年也曾提出"保八"，结果呢？各省市报上来的数字达 11%，大出所料。中央要求压水分，左压右压，最后还有 7.8%。不管你信不信，我认为今年 GDP 增长绝不会低于 8%，不信我们赌一手。

并非本人盲目乐观。支持此判断的另一理由是，去年冬天政府推出的一系列扩需举措，力度之大前所未有。今年中央财政新增投资 1.18 万亿元，信贷投放 5 万亿元，而截至 3 月底，信贷投放就达 4.89 万亿元。这么多钱投出去，怎么会不带动 GDP 增长呢？按照弗里德曼的研究，从增加货币投放到企业产出增加，通常需要 6~9 个月，取上限，若从 2008 年 11 月起算，顺推 9 个月，那么 2009 年 8 月中国经济必将全面回暖。

要申明的是，我不担心"保八"，不等于说经济就没有麻烦。我的忧虑是，今年 GDP 实现了"保八"，往后几年怎么办？眼下为了"保八"政府大举发债，中央财政发债 7500 亿元，替地方发债 2000 亿元，共 9500 亿元。问题是这 9500 亿元谁来还？要知道，财政部无点石成金的本领，借债还钱，将来还债一定是向纳税人多收税。这样看，政府发债越多，企业日后税负就越重。如此财政投资挤出民间投资，竭泽而渔，即便今年经济增了 8%，今后几年的日子怕是更难过。而最大的麻烦，我认为还是就业。有资料说，目前中小企业提供就业岗位占七成以上，若中小企业不济，就业问题必是大祸临头。

从货币政策看，温总理说，今年银行的新增贷款为 5 万亿元。可到 3 月份贷款就下去 4.89 万亿元。由此看，除非央行再次收银根，不然 5 万亿元的贷款规模绝对打不住。困难在于，若信贷紧急刹车，下半年经济将难以为继。据保守估计，今年的贷款规模至少会突破 7 万亿元。于是有人担心，信贷过度投放，年底通胀会不会卷土重来？依我看，这纯属杞人忧天。说过多次，当下主要危险不是通胀而是通缩。尽管上半年银行放贷很猛，但大多是贷给政府建基础设施，政府贷款花不完，又转存进银行。这样信贷资金若只在银行与政府间循环，市场流动性未过剩，说会有通胀岂不是无稽之谈？

举我观察的两个现象。一是最近我赴几个省调研，与企业家座谈，不少中小企业主反映目前从银行贷款仍然很难。人们要问，银行已有那么多钱放出去，企业为何贷不到款？原因上面解释过了，这里要提点的是，企业贷款难说明流动性并不多。另一个现象是，CPI 与 PPI 持续负增长。上周公布的数字，CPI 为 −1.5%，PPI 为 −6.6%。假若流动性真过剩，物价怎会双双下落呢？可以想见，若为防通胀银行现在关闸，无论对企业投资还是对拉动消费，都是雪上加霜。

前些天，政府又出台钢铁限产令。钢铁产量多了，政府希望限产可以理解。问题是谁来限产，限谁的产。有前车之鉴，以往政府一说限产，通常用行政命令，而限制的又总是中小企业。其实，钢铁多了，供大于求价格会下跌，钢材不好卖或不赚钱，不用别人教，企业也会限产。再说，钢材多不多生产厂家最有发言权，政府若认为多了，尽可对国企限产，民企不必管，人家自负盈亏，政府就应该网开一面。可最近我听说一件怪事，中南某省为保国有钢厂，省政府别出心裁地给地市下达采购指标，这不是摆明只限民企吗？

回头再说"保八"。前面说了，今年 GDP 达 8% 不成问题，难题还是在就业。政府所以提出"保八"，目的在保就业，而要实现"有就业"的增长，我的看法，关键在保中小企业。当务之急，政府应做两件事：一是加大减税力度。不仅是结构性减税，增值税也应整体下调，若增值税下调五个点，中小企业多数即可赢利，就业也就随之增加。二是降低企业的用工成本。现在中小企业用工，平均算，大约每人需上缴各种保费 180 元。当下经济不景气，若政府能特事特办，用国有股权收益为职工上"三险"，对推动就业无疑是如虎添翼。

那天在工商联的座谈会上，我只说了第一点，第二点是由黄孟复主席补充。能与黄主席所见略同，为之大幸！让我们拭目以待，看政府下一步如何定夺吧。

促就业岂可头痛医头

　　牛年新春伊始，国内股市回暖，是好现象，令人欣慰。曾说过多次，我一贯看好中国经济前景，今天仍不变。这绝非我冥顽不化，更不会对全球金融风暴视而不见。而是说，从政府当下一整套扩需措施看，力度之大前所未有。只要执行中不出大错，减税幅度再大些，我们没有理由不对中国经济充满信心。

　　金融风暴对中国经济有影响，不否认。若细说起来，写本书也应该不成问题。不过就主要方面看，我认为最直接的冲击还是出口。最近官方公布的数字，去年12月出口下降17.5%，而政府今年的目标，是力保出口不负增长。能做到吗？也许能。问题的关键在外部环境。美国经济何时触底尚未可知，人民币仍有升值压力，这样看，今年的出口形势怕是不容乐观。

　　出口受阻，政府当然改走扩大内需的路。然而发展战略转型，绝不会像汽车变道那样简单，尤其在微观层面，改弦更张要伤筋动骨，岂能一蹴而就？曾赴浙江、江苏等地考察，走访过当地一些企业，企业主说，以前他们接的都是海外订单，产品主要靠外销。可金融危机后市场突变，一夜间订单锐减。外商不订货，短期国内又找不到新客户，内外交困，企业别无选择，为减亏只得停产关门。

表面看，金融危机冲击的是企业，然而唇亡齿寒，企业关门的后果却是大量的失业。去年9月，政府说下岗失业者是1200万人，而截至上月底，仅农民工失业就达2000万人。有专家说此数字仍偏保守，是否低估了我不知道，也无从查考，但就这2000万人已不是小数目，全国2000多个县，平摊下来，每个县就有近万人失业。我相信西部的情况会更糟，内蒙古固阳县委书记许文生告诉我，固阳一个县，2008年11月提前返乡的农民工就有5万人之多。

是严峻的问题。事关民生，政府对此自不能袖手旁观。年前国务院曾明令国企不得裁员，近日又下发通知，要求中小企业要规范裁员行为。措辞委婉，但"保就业"的用意一目了然。平心而论，政府这样做也无可厚非。不过站在企业角度看却多少有些强人所难。不是吗？如今大难当前，生存压力大，不裁员企业能硬撑下去吗？命悬一线，雇主当然不会坐以待毙。假如你是雇主，你会怎么做？大千世界，舍利取义的人一定有，然在商言商，置生死不顾的雇主不会多。

是的，企业也有自己的难处。问题是企业裁员后政府何以应对？为缓解就业压力，政府最近紧锣密鼓地出台了相关政策。可以看到的，一是加大农村基础设施投资，二是由当地政府组织农民工培训，三是鼓励农民工返乡创业。加大基础设施投资可安置部分农民工就业无疑问，但这只是临时就业。至于农民工培训，应该做，也值得做。这次金融危机，必会推动国内产业调整与升级，假如政府肯花钱培训农民工，不仅可延缓就业，而且对其日后求职肯定有助。但要指出的是，培训非长久之计。人要吃饭，最终还得有地方挣工资。

说到鼓励农民工创业，思路肯定对。用创业带动就业，学界早提过，理论上也无懈可击。不过回到现实来考虑，困难不会少。首先创业要有资本投入。农民工囊中羞涩，请问钱从何来？其次要有好项目，至少产品要有销路。当下消费不振，什么都不好卖，农民工创业做什么呢？前几天在江苏金坛市调研，就此向当地官员讨教过，他们的回答是：难难难。想来也是，现有中小企业都朝不保夕，而此时让农民工创业，白手起家谈何容易！

还是谈我的观点吧。我以为，当前农民工大量失业，根本还在企业开工不足。据说年前珠三角失业的民工节后大量涌向长三角，令江浙一带的求职者猛增了30%。只可惜长三角的企业现在不少也是苦苦支撑。自身难保，它们怎敢贸然招人？所以解决就业问题，我认为有效的办法还是支持企业恢复生产。政府近来一手发国债，一手放银根，扩需效果好，有目共睹。但也有美中不足，那就是没有大手地实质性减税。

我这样讲，并非指政府不肯减税。从目前政府的举措看，至少有三条：一是增值税转型，二是加大了出口退税，三是内外资企业所得税合并。骤眼看，这三条都能为企业减负。然而想深一层，这些措施对多数企业又都是画饼充饥。以增值税转型为例，目今企业惨淡经营，生死未卜，这时谁会花钱去购设备？不购设备，当然享受不了转型的优惠。再比如出口退税与所得税合并。若企业无出口、无赢利，减税政策再好也与它们无干，中看不中用。

实行结构性减税，政府的意图我清楚，无非是想借此推动产业调整升级。但我不明白的是，政府一再强调扩大内需，可减税却在出口上使劲，那么产业结构最终会调向何处呢？我的看法，在当前就业压力下，与其结构性减税，倒不如全面减税有效，而当务之急是要将增值税调下来。我估计，增值税若能下调五个百分点，多数企业便可起死回生。只要企业开工生产，就业问题也就迎刃而解。

下调增值税，我写过多篇文章。听企业界的反映，一片叫好，问题是政府方面似乎还举棋不定。政府毕竟站得高，要统揽全局，多些顾虑可理解。但若不是别的原因，只是担心减税后财政减收则大可不必。要知道，税率与税收不总是正比关系，对此大学经济学课本说得明白，本人也曾不厌其烦地解释过，限于篇幅，就无须我再说了吧。

发展经济何必总喊"口号"

说来也怪，这题目最近一直在我脑子里萦绕，挥之不去。去年夏天赴延安干部学院学习，当时就想就"口号"问题写文章，可考虑话题敏感，思之再三始终未下笔。最近赴几个省市调研，所到之处各色各样的口号不绝于耳。本来听多不怪，然而有些口号与经济有关，从学术角度看，我认为可推出有价值的含意，值得写，也应该写。

所谓"口号"，通俗地说，就是便于口头传播的号召。人家西方国家是否有口号我没研究过，不敢妄言。不过即便有，我想也绝不会像中国这样多。国人提口号本领一流，无论政府还是社团，但凡做大一点的事情，往往都要先提口号。我不反对口号，也不否认口号有动员功能。但换个角度想，人们所以提口号，那一定是指某项事情难办，需反复强调，否则若是手到擒来，提口号岂不多此一举？

　　而我的问题是，既然事情难办，提口号会管用吗？说我最近思考的几件事。首先是关于干群关系，中央一直强调"干部要密切联系群众"。作为一个口号，我理解有两层含义：一是说干部容易脱离群众，二是指当下脱离群众的现象很普遍。那么如何把"口号"落到实处？通常的做法，就是出台某些硬性规定。比如前些年就有地方政府出奇招，要求县以下官员每年必须在农家住满半月以上。和农民同吃同住当然便于了解民情，但半月之外又如何保证他们不脱离群众呢？

　　另一个例子是"解放思想"。骤然想，人的思想本来天马行空，何言解放？可现实中，思想守旧的例子多得是。改革开放前，请问谁敢设想中国可搞市场经济？甚至到了1992年，邓小平说，"市场经济不等于资本主义"，人们的观念这才转过来。早年读大学时，曾听说学校有位研究生写毕业论文主张发展商业信用，结果被当做自由化言论，论文答辩未通过。早些年，就连股份制也被当成资本主义的东西批判。由此看来，解放思想光提口号不行，关键得有保护"思想创新"的机制与环境。

　　是的，口号毕竟只是口号，充其量也就是提出人们的行动目标。而目标怎样达到，仅靠口号恐无济于事。就像我们的目标是过河，要是没有船与桥，口号喊破天也没用，河还是过不去。当然，以往落实口号也有过措施，比如强调联系群众就要求干部下乡，而倡导解放思想就反复开会讨论。这些措施，不是一点儿用处也没有，但说到底还是治标不治本，短期有效，长期不灵。

　　李瑞环同志曾经说，普遍出现的问题要从制度上找原因，反复出现的问题要从规律上找原因。想深一层，其实口号要解决的问题，既是普遍的问题，也是反复出现的问题。所以解决这类问题，不可避实就虚，必须在体制机制上下工夫。想想吧，假如干部真的由多数人选，让群众说了算，当官的谁敢脱离群众？再比如解放思想，假如有一个容许讲真话的机制，讲错了不打棍子、不揪辫子、不装袋子，思想解放何难之有呢？

还是转说经济吧。稍微留心你会发现，当下的经济口号并不比政治口号少。比如山西省委最近提出要实行"转型发展、安全发展、和谐发展"。口号当然提得好，想法也对，两月前去山西曾与省委张宝顺书记交流过。可我的疑虑是，像山西这样的资源大省，转型发展谈何容易？摆明的困难，经济发展的主体是企业，政府希望转型发展，可企业会怎样想？挖煤就能赚钱，它干吗要转型？再说，周边省市正欲弯道超车，而山西却埋头转型，经济排名一旦后移，官员们有勇气面对吗？因此我的判断是，除非中央财政给山西特别支持，且政绩考核也不再看 GDP，不然山西经济转型将遥遥无期。

湖南是我的老家，这几年工业化步子大，龙精虎猛。为整合区位优势，省委提出"长（沙）、株（洲）、（湘）潭经济一体化"。就我所知，这口号早在 20 世纪 90 年代初就已提出，可"长、株、潭"的产业布局今天仍各自为战，看不出有何整合的迹象。何以如此？年前在长沙请教过当地官员，他们说，由于三地财政分灶吃饭，大家都要追求 GDP 与利税，有赚钱的项目当然都要上。说的也是，利益关系摆不平，省委愿望再好，那也不过是一相情愿。

再有一个口号，即"反对重复建设"。是老问题了，读者不会陌生。重复建设导致资源浪费，我们当然要反对。可多年来中央一直三令五申，重复建设为何卡不住呢？有人说这是地方本位主义作祟。而我想问的是，假若地方官员为官一任不造福一方，当地老百姓能答应吗？我的看法，重复建设并不能怪地方本位，根源还在税制不合理。比如增值税是属地征税，谁上项目多谁的税就多。若将此改为在消费地征消费税，各地怎会争先恐后重复上项目呢？

写到这里，让我简单归纳一下本文要点：第一，口号有动员功能，将经济目标以"口号"提出，能广而告之引起人们重视，此点无疑问；第二，口号表达的只是行为目标，达到目标必须借助一定的机制，即是说，光有口号不够，口号代替不了机制；第三，口号所要解决的问题通常都很棘手，背后利益错综复杂，故机制设计须得十二分用心才行。

实干兴邦，空谈误国。由此我想，假若口号没有机制去落实，那其实也就是一句空话！

调结构何以弄巧成拙

最近几年，政府三令五申一直要求调结构。之前的宏观调控有保有压，目的在调结构。这回碰上金融危机，经济不景气而转产代价低，于是政府又要求调结构。结构失衡当然应调整，没有人会反对，分歧在于调结构由谁来做主。是由政府调还是由企业调？最近看报纸，多数观点是主张由政府调，据说理由是市场会失灵，政府不出手结构理不顺。

说市场会失灵是对的，但说它是结构失衡的原因我不同意。不错，企业要追求利润最大化，高回报的项目谁都会想上。市场瞬息万变，而厂商很难掌握充分的信息，需求变了，生产却不能马上转，于是供大于求，生产往往会过剩。然而这与结构问题无关。有的产业发展过了头，有的产业发展慢，这绝不是市场的错。相反，我认为是政府缺位或干预不当的结果。

不是吗？前些年，政府说基础设施薄弱。可基础设施薄弱是谁的错呢？据我所知，基础设施中多数都是公共品，公共品原本就该由政府投资，政府投入不足而造成短腿，这明明是政府缺位，我们怎能怪罪于市场失灵？近几年煤电油短缺，政府说是高能耗产业发展过快。骤然听似乎有理，但细想则不然。倘若政府当初不限制能源价格，高能耗产业无利可图，这些产业能单兵突进吗？

主张政府调结构的学者，不知是否想到过下面三个前提。具体说，若让政府作为调结构的主体，第一，政府要知道什么是好的结构；第二，政府官员要比企业家更懂得尊重市场规律；第三，用行政手段调结构要比市场机制更有效。若此三点成立，政府出面调结构我无从反对。问题是以上三个前提站得住吗？左思右想，我觉得这中间大有疑问，而且至今未见有令人信服的论证。

关于第一个前提，政府知道什么是好的结构吗？我看未必。虽然理论上好说，"按比例发展"，但现实中究竟按怎样的比例，政府怕是也不知。比如上世纪末，政府说电力过剩了，要控制上电厂，可时隔两年电力却全面短缺，到处拉闸限电。本世纪初政府还说粮食太多，要求农民调结构，可 2004 年粮供又突然变得紧张。由此看，政府并无先知先觉，对什么是好的结构，政府其实也拿不准。也正是在这个意义上，经济学说市场可能失灵，政府也可能失败。

关于第二个前提，我的观点更明确：政府官员不可能比企业家懂市场。想想吧，一个在办公室看文件、听汇报，一个在第一线摸爬滚打，眼观六路，耳听八方，你说谁更懂市场？再说，企业家拿自己的钱投资，真金白银，一旦失败血本无归，有切肤之痛，怎敢无视市场规律呢？相反，政府官员高高在上，总认为自己可呼风唤雨，可改变市场规律。前两年，肉禽价格上涨摆明是供不应求，可政府却硬是控住价格不让涨。而能源短缺政府也不放开价格，却一味指责钢铁、电解铝等发展过快，甚至不惜用行政手段打压，请问这是尊重市场规律吗？

关于第三个前提，我的看法，在公共品与公共服务领域，行政手段不仅可用，而且必须用。但对调结构而言，行政手段则断不可取。行政手段的特点是下猛药，见效快，而缺点是一刀切，容易顾此失彼。还是以能源为例。其实，能源短缺不一定是钢铁业发展过快，也可能是能源业发展过慢。若政府先入为主，用行政命令强行关闭钢铁企业。国企被关还好说，若是民企，投资损失谁弥补？还有，关谁不关谁若由政府定，大权独揽，寻租行为必屡禁不止。

是的，就资源配置的效率论，行政手段肯定比不上市场机制。市场机制强调的是价格调节。价格作为资源配置的信号，只要政府不管制，价格涨落自会引导结构调整。比如能源价格放开，价格必上涨，价高利大，企业就会加大能源投资，供应会马上增加；同时，价格上涨，高能耗企业必然节能，否则成本上升，企业承受不了就得关门。如此一来，长线缩短，短线加长，而且由市场优胜劣汰，公平合理，岂不善哉！

写到这里，忽然想到与调结构有关的两件事。一是珠三角的"腾笼换鸟"。很多人以为，这次珠三角企业大规模外迁是由政府主导，对"腾笼换鸟"多有批评。其实，我认为这看法是错的。曾多次参加广东省省长座谈会，知道政府确有调结构的想法，而且由来已久。但这次结构调整纯属市场所为，绝非政府操纵。众所周知，珠三角主事加工业，两头在外，赶上金融危机出口受阻，产业不调则将坐以待毙。机缘巧合，作为政府，这次充其量只是顺水推舟而已。

另一件事是家电下乡。政府补贴家电下乡，意在拉动内需保增长，动机没有错。但从结构调整看，此举却非上选。我理解，政府补贴家电，大概是认为家电发展不足，或是认为农民急需家电。可我的观察并非如此。上星期我在湖南调研，就听说有不少农民购买家电后又转手卖到城里，他们买家电，不过是为拿政府的补贴。与其这样，政府何不直接发购物券呢？让农民自行选购，买家电还是买化肥悉听尊便，这样既可满足农民需求，又可避免家电业盲目扩张。

调结构是政府多年的梦想，可惜结构问题至今解决不好。何以好梦难圆？我的看法不是政府不作为，恰恰相反，是政府急于求成而插手过多。欲速则不达，假若政府多点耐心，放手让市场调节，待以时日，何愁结构调不顺呢！

弯道超车：湖南凭什么

前些天湖南社科院朱有志院长打来电话，约我写文章，就湖南省委提出的"弯道超车"作评论。身为湖南人，当然要关心家乡建设。然而命题作文，又仓促动笔，要写出有价值的看法不容易。幸好这几年回家乡机会多，耳闻目睹，对湖南也有些了解，这里把自己一些零散想法写出来供大家讨论，也算是对家乡建设尽点力。

由于金融危机，当下欧美经济不济，受其影响，中国的出口大幅下滑。今年 1 月出口增长 –17.5% ，2 月再下挫，为 –25.7%。外需萎缩而内需不足，国内经济增长明显放缓。面对如此严峻的形势，湖南却知难而进，提出要"弯道超车"。兵行险招，有气魄，令人刮目，也值得喝彩。不过，搞经济毕竟不是赛车，有气魄是一回事，若要出奇制胜，关键还得有好的思路。

应该说，湖南这几年经济发展得不错。更难能可贵的是，作为农业大省，新工业化龙精虎猛，有声有色。像"远大空调"、"三一重工"、"山河智能"等一大批知名企业脱颖而出。去年经济普遍回落，而湖南去年5月开始保增长，逆势而上，不简单。曾多次赴湖南调研，给我的感觉，全省上下对新工业化战略高度认同，而"一化三基"（即新型工业化、基础设施、基础产业、基础工作）几近成专有名词，在省内家喻户晓、广为流传。

我的看法，湖南选择走新工业化的路，肯定对，本人也曾写文章支持过。问题是湖南地处中部，谈不上有区位优势，且工业起步晚、底子薄，与周边比也无优势可言。手中无优势却要弯道超车，湖南凭什么？是的，湖南人有一股子劲，敢拼，也能拼，但我认为仅有拼劲并不够。好比你开的是拖拉机，别人开的是小汽车，拐弯处你却要强行超车，你觉得成功的希望会大吗？

不是要给湖南泼冷水，也非湖南人异想天开。历史上靠后发优势实现经济赶超的例子不少见。我的意思是，湖南经济若真要后来居上，就必须扬长避短，使巧劲。不然仅靠硬拼实力怕是难以如愿。那么湖南究竟应该怎么做呢？我有个建议，可行与否拿不准。去年秋天曾与省委张春贤书记当面讨论过，他很重视。还委派省科技厅王柯敏厅长来京切磋，彼此交流后认为可行。既如此，这里就说说我的想法吧。

湖南省委提出"一化三基"，我完全赞成。不过"三基"之中，我认为基础产业应交给市场，政府可引导，也可扶持，但不必亲力亲为。政府的重点，应着重完善基础设施。所以这样看，这是由湖南省情决定的。所谓新型工业化，不管有多少种解释，说千道万，关键还得用高新技术改造并提升传统产业。湖南的困难，是高新技术从何而来？尽管湖南有一批高校与科研院所，但比之北京、上海等地，毫无疑问会稍逊一筹。怎么办？想来想去，可取之法是借鸡下蛋。

我的考虑是这样。这些年，国内每年研发的科技成果为数不少，可据说其中多数成果都束之高阁。何以如此？一个重要原因是产、学、研脱节。是的，科研院所的成果是在实验室做的，在用于生产前必须"中试"，不通过"中试"，企业不会买也不敢买。难题就在这里，建中试车间需大量的资金，谁来出钱呢？若让科研单位掏，他们未必掏得起；而让企业出，企业也不一定敢冒险。因为万一中试失败，企业将血本无归。

企业不肯花钱搞"中试"还有一层原因，就是建中试车间投资大，可建成后通常只用一次，事后还不能改作他用，这在经济学里就叫沉没成本。经济学说，沉没成本虽不是成本，不会推高产品价格，但它得以租金的形式逐年从利润中回收。这样看，企业自己花钱搞中试，日后必挤占利润，而且投资太大，利用效率又低，企业怎么算账也不会合算。

站在企业立场看，的确是这个道理。不过换个角度想，解此难题其实也易如反掌。关键之点就是要将"中试车间"当基础设施看，因为基础设施就可由政府投资。比如让财政拿钱按行业建"中试车间"，然后向社会开放，你若有成果要中试，不论省内外还是国内外，只要适当付费都可以来。这样，一次性投入多次使用，既为企业省了钱，政府投资也有望回收。而更重要的是可把高新技术引到家门口，近水楼台，湖南的企业便可优先选购。

有了高新技术，跟下来就是培育与提升产业。就我所知，湖南的工业主要集中在长沙、株洲、湘潭三地。早在十多年前，省委就提出要实现"长株潭经济一体化"。最近省委又提出要在"长株潭"进行"两型社会"建设试点。可以肯定，若这方面真有突破，不仅可改善省内工业布局，而且有利于产业升级与集聚。可当下的麻烦是，"长株潭"作为三个平行城市，财政分灶吃饭，利益摆不平谁也不会受他人节制。

年前在长沙召开座谈会，请"长株潭"的官员一起讨论，大家畅所欲言，而我提出一个利益共享的方案，三方皆接受。比如对跨区域的科技园区建设可共同投资，然后按投资比例分享利润和税收；对分属三地的科技园区，可通过互换三分之一的股份，这样相互持股，将来高赢利项目无论落户谁家，其他两地均可按股统计产值与分"税"；对跨区域的公益性项目，投资也按各自受益程度分摊。

这当然只是一个框架性的思路，不过设若如此，产业布局便可整体协调，"长株潭"则可形成合力。而"长株潭"率先崛起，以点带面，相信湖南经济腾飞必指日可待。

收入分配变轨

4

何以提高"两个比重"

有朋友说我是彻底的减税派,我承认。说来也是,近两年关于减税的文章我一连写了五篇,外界这样看我不足为怪。上月底在西安参加全国党校经济学年会,广东省委党校张长生教授发言力主提高"两个比重"(居民收入在国民收入分配中的比重、劳动报酬在初次分配中的比重),听来言之成理,我赞成。可细想之后,又觉得此事非同小可,操作起来会有相当难度。不是不可以做到,而是要看政府到底会怎样做。

早在十多年前,中央也曾强调要提高"两个比重",不过此"比重"非彼"比重"。当时中央说的,一是提高财政收入在GDP中的比重,二是提高中央财政收入在全国财政收入中的比重。中央坚持那样做,自有中央的道理。于今回顾,原因大概是市场体制建立之初,各地有点自行其是的苗头。为强化中央权威,当年朱镕基总理说,必须多收税,而且大头集中于中央。

如此一来，地方上项目就得向中央财政要钱，中央若不同意，地方项目就上不了。

对朱总理这一招怎么看？评价一项政策，我想总不能脱离当时政策出台的背景，而且经济与政治也不能完全分开。在中央党校任教多年，我当然理解朱总理当年要将税收多集中于中央的用意。当时体制正在转轨，市场体制未确立，再加上地方政府有投资冲动，若中央不在宏观上加以掌控，任由各地八仙过海，待以时日，重复建设的局面怕是难以收拾。客观而论，当年中央提高"两个比重"对治理重复建设与应对亚洲金融危机皆功不可没，应该说做得对。

然而时过境迁，今天的情形已大不同于以往。单看财政收入，回溯十五年，1992 年的财政收入仅 3483 亿元，一直到 1998 年才接近 1 万亿元。之后便一路快马加鞭，近十年财政收入增长了 6 倍，2002 年为 2 万亿元，2006 年就接近 4 万亿元，去年则超过了 6 万亿元。对这个现象怎么看？若问财政部官员，他们一定说好，而我的看法不同，是喜忧参半。所以"喜"，是因为财政有了钱，政府就能改善基础设施与公共服务；所以"忧"，则是担心财政收入过快增长会挤占企业与居民收入。

也是巧得很，正写此文时，我碰巧看到一份资料上说，前不久财政部有官员重申，中国当下的税负并不重，且低于国际平均水平。他们根据国际货币基金组织《政府财政统计年鉴（2007）》公布的数据，计算出全部 51 个国家的财政收入占 GDP 比重平均为 40.6%，21 个工业化国家平均为 45.3%，30 个发展中国家平均为 35.9%。而 2007 年，中国财政收入占 GDP 比重不过 30%，于是判断说，中国财政收入在 GDP 中占比不算高，不仅低于发达国家，而且也低于一般发展中国家。

是的，若从数字看确实如此。不过往深处想，却有两个疑点。第一是关于中国的 GDP。路人皆知，我们的 GDP 有水分，虽然水分是多少说不清，但有水分则无疑问。这是说，我们的 GDP 被人为地夸大了。财政收入做分子没水分，而做分母的 GDP 却含水分，这样财政收入在 GDP 中的占比当然会低。差之毫厘，失之千里，所以不能拿我们的数字简单地跟人家比。另有一点是，从 GDP 与财政收入的比较看，2007 年 GDP 增长 11%，而财政收入增长 30%，后者已是前者的 3 倍，如此再说我们税负不重怎么解释？

我无意挑起争论，其实也不必争论。前年召开党的十七大，中央就已一锤定音，并明确说"要逐步提高城乡居民收入在国民收入中的比重"，"要提高劳动报酬在初次分配中的比重"。白纸黑字写得清楚，毋庸置疑。眼下真正应该研究的是，如何提高这"两个比重"。说过多次，中央的决定是大政方针，是方向，最终落实还得靠政府的政策，若只有"方针"而无政策，"方针"也就成为一纸空文。所以当务之急不是去争论要不要提高"两个比重"，而是政府到底该怎么做。

关于提高"两个比重"，两年前我就分别写过文章，今天观点仍不变。不过最近我发现，提高"两个比重"说的其实是一回事。试想一下，若要提高居民收入在国民收入中的比重，不提高劳动报酬在初次分配中的比重行吗？当然可以通过减个税，但减个税照顾的只是中高收入者，若劳动报酬比重不提高，居民收入不可能普遍提高。这样看，提高居民收入在国民收入中的比重，关键是提高劳动报酬的比重。没有这个前提，舍本逐末，一切都是空谈。

可难题在于，要提高劳动报酬的比重，就得减少其他收入的比重。因为企业初次分配是将收入分成了三块：工资、利润与税金。若劳动收入（工资）比重提高，其他两项的比重就得下调，别无他法，不可能三全其美。那么究竟减哪一项呢？思前想后，我觉得应该减税收。危机当前，当下大多企业皆苦苦支撑，若让工资挤利润，无疑是逼企业破产关门，有前车之鉴，据说去年倒闭的中小企业近8万家。有人说，那是因为新劳动法提高了最低工资标准，可我认为，错并不在新劳动法，而是政府未先行减税。

可以肯定，只要政府减税，加上有最低工资标准的协助，劳动收入在初次分配中的比重必可提高，而国民收入分配也必将逐步向居民个人倾斜。所幸的是，国务院年初已启动结构性减税，大快人心！只可惜力度还是小了些。既然中央有意提高"两个比重"，而成败在此一举，不知政府能否再出一回重拳？

农民收入可能下滑吗

年前曾答应编辑写《政府要不要救市》，可手头总有自己认为要紧的话题要写，一直拖着没动笔。本打算在本期专栏谈，写下题目后，左想右想却仍觉得应先写农民收入。不是房市股市不重要，而是在我看来农民收入问题更紧迫。况且，我对救市的看法与别人不同，写出来会挨骂。有预感，故能拖则拖，这里还是让我先谈农民收入吧。

说农民收入问题更紧迫，并非个人之见。中国 13 亿人口，8 亿多在农村，若农民不富，建设全面小康无异于痴人说梦，做不到；另一方面，农民不增收，我们现在很多事情也不好办。两年前，温家宝总理来中央党校讲话，说"中国经济能不能保持长期稳定增长，关键在能否持续扩大内需，而扩大内需重点是消费，尤其是广大农民的消费"。高屋建瓴，讲得好！问题是启动农民消费必增加农民收入，手里没钱，消费只能望梅止渴。

这样看，让农民增收确实迫在眉睫。

我写这篇文章，当然不为谈农民增收有何重要。"三农"政府历来重视，也用不着我多此一举。这里想提请政府关注另一个问题，即近期农民收入会有大幅下滑的可能。绝非危言耸听，若去农村看看，你一定会有感受。我今年春节前回乡下，耳闻目睹，与乡邻亲友交谈，发现较之前两年农民收入有明显下降。曾问过原因，农产品价格走低是其一，而更大的麻烦是大量农民工返乡。农村原本人多地少，种地的人再多也是窝工，而没了打工收入，农民收入下落势难避免。

没看到官方的数据，但凭直觉，推断近期农民收入将下降不会错。可粗略算账：全国耕地 18 亿亩，农民人均耕地 2 亩多，按每亩纯收入 500 元算，种地收入也就人均 1000 元左右。而去年农民人均收入 4000 元，若种地收入仅 1000 元，那么另外 3000 元，无疑是非农收入。有人估算过，非农收入中，务工所得至少占八成。这是说，倘若农民不进城务工，人均收入将减少一半多。

让我再举个例子，假定有个三口之家，丈夫外出务工，年收入 8000 元，而妻子种地收 3000 元，养鸡养鸭等得 1000 元，这样全家总收入 12000 元，人均刚好 4000 元。假如丈夫今年不务工，总收入减少 8000 元，那么人均收入就降至 1300 元。有数字说，截至上月底，全国下岗农民工超过 2000 万人，假若每家农户有一人在城里失业返乡，这意味着今年将有 2000 万农户收入要下降。若经济不复苏，随着农民工失业数量增多，危及的农村家庭还会更广。

以上只是单个农户的例子，不过一叶知秋，由此足可看出问题的严重性。本人从小长在农村，种过地也挨过饿，深知饥馑之苦。而中国改革三十年，我认为最了不起的成就，就是让8亿多农民得以温饱。然而天有不测风云，农民好不容易脱贫，现在却又迎面碰上了金融危机。工厂关门，农民工无奈返乡，连锁反应，后果则是部分农民可能再度返贫。

所幸的是，政府高层对此已有洞察。最近几个月，政府接连出招，一是加大农村基础设施投资，二是组织农民工培训，三是鼓励农民工返乡创业。实话说，这些措施不能说没作用，但我并不认为这是治本之策，能取近功，难求长效。而且要指出的是，政府所以出台这些措施，目的是为了避免农民工失业导致社会失序。政府重视稳定，这样做没有错。而我想说的是，如果把稳定农民收入一并考虑，上述政策又似可商榷！

绝无任何指责之意。人贵自知，本人一介书生，知道自己并不比别人高明。但如果大家考虑问题的角度不同，政策主张就往往会有差别。比如对如何解决农民工失业问题，我站的角度是如何维持农民收入。若从这个角度看，我认为政府政策的重点就不应当鼓励农民工返乡创业，而是要设法把他们留下来，鼓励他们在城市创业。即使是培训，也应留在城市，因为从师资到设施，农村都无法与城市比。政府反正是花钱，背着抱着一样沉，我们何必把包袱推给农村呢？

其实，很多农民在城市打工多年，吃喝拉撒，早已习惯了城市生活。如果让这些人回农村，他们会再去种地吗？我断定少数人会，但多数人不会。信不信由你，总有一天他们还得回到城市，还得在城市就业。既如此，我们为何舍近求远，不就近解决他们的难题呢？也许有人说，他们的户口不在城市，没有社保。不错，他们是无市民身份，可这与农民工本人何干？这不正是政府应该加以改进的吗？

我提三点建议供参考，只说要点：第一，政府要下决心调减增值税，至少降五个点。此乃当务之急，唯有减税让利，企业才可能扩大生产，创造更多就业岗位。第二，尽快完善社保体系。据说今年国债规模达 9500 亿元，政府有钱，也有意投入社保。若消息可靠，那么应该优先照顾农民工。第三，打破户籍限制。凡在城市打工三年以上的，应允许就地落户，对他们要一视同仁，让其享受当地市民的一切待遇。

近几年中央曾多次强调城市要支持农村。是的，过去我们欠农民太多，眼下农民兄弟有难，正当其时，现在是到该还账的时候了。

限薪并非上策

国企高管的薪酬这几年备受争议，加上媒体推波助澜，吵得厉害。也难怪，当下国企经营者年薪动辄上百万，有的甚至数千万，高得离谱，旁人要说三道四无可厚非。前些日子政府出台限薪令，规定金融高管薪酬不得超过 280 万元。为何是 280 万元政府没细说，不过看报纸，社会各界一片叫好，此举深得人心无疑问。

说我自己的感受。在党校任教授，月薪数千不算低，可见别人日进斗金，硬说一点想法没有是骗人。不过也就是想法而已，回到经济学理性，对政府今天限薪的效果却有疑虑，要打折。想当年，对国企高管工资也曾封过顶，最高不能超过员工平均工资的 5 倍。可后来执行怎样呢？虎头蛇尾，不了了之。其实，企业由内部人控制，高管巧立名目拿钱的由头多得是，政府纵有三头六臂，想管也未必管得住。

当然不是怀疑政府的权威。令行禁止，政府此番出面限薪，相信近期没人敢闯红灯。然而我想问的是，此次限薪要限多久？是长久之策还是权宜之计？倘若只作为应对金融危机的临时措施，我无话说，完全赞成。相反，如果限薪不是应急安排而是长期政策，那么我反对。别误会，绝非有意为高管说话，只是站在经济学角度看，此举实在与理不合。退一万步，即便要给高管降薪，政府也用不着大动干戈。过去用行政办法管经济吃过苦头，今天故技重演不是上策。

我不赞成政府限薪，理由其实简单。所谓薪者，工资也。企业高管的年薪，说白了就是他们管理企业的报酬。这样看，年薪的高低，就得按管理者的贡献定。贡献愈大，年薪愈高。举个例子，假如年薪按企业利税百分之一提，企业利税1亿元，年薪为100万元，利税3亿元，年薪则为300万元。可现在政府要将年薪封顶，最高只能280万元，这无非是说，政府要对经营者的贡献设限。不是吗？企业利税若超出2.8亿元，经营者则不可多取分文，这样经营者的超额贡献如何体现？

是的，当下国企高管薪酬的症结，并不在年薪的高低，而是年薪制度设计有缺陷。这几年我走访的企业不少，与职工座谈，发现职工对高管薪酬有意见，不完全是因为高管拿钱多，而是年薪未能与贡献挂钩。大家议论较多的一种现象是，有些人本来在政府为官，对管理企业不在行，可一旦感觉升官无望，就设法转入国企任高管，摇身一变，年薪上百万元。是他们对企业贡献大吗？非也。对企业无贡献却拿高薪，无功受禄，老百姓怎会没意见呢？

不仅如此，说现行年薪制度设计有缺陷，我认为最大的问题还是高管自己给自己定年薪。要知道，国企不同于民企，民企董事会可以定年薪，那是因为董事都是出资人，拿自己的钱发工资，有利益约束自然不会乱来。可国企高管不是出资人，董事会不过是出资人代表，是拿国家资产办国家企业，若年薪由董事会定，无疑是用国家的钱给自己发工资，钱不烫手，自己说了算当然是多多益善。这些年，国企高管年薪升得快，原因虽多，但说到底还是与这种自己给自己发钱的机制有关。

令人蹊跷的是，年薪虽由董事会提方案，但董事会也非一手遮天。按规定，方案最后还得拿到国资委去批。国资委由国务院授权，管人管事管资产，大权在握，可为何不严加把关呢？曾与国资委的朋友交流过，他们说国资委权力是不小，可对企业来说，国资委终归是局外人。由于信息不对称，怎好轻易否决企业的方案呢？何况董事会成员不蠢，既然敢将方案提交，一定是有备而来，理由可以说得天花乱坠。人家有理有据，据理力争，国资委总不能平白无故卡住不放行吧？

是头痛的问题。以企业经营业绩为例，高管的年薪通常与经营业绩挂钩，可业绩怎样考核，很复杂，不容易说得清。比如前几年煤炭价格飞涨，煤炭企业赚得盆满钵满，你能说高管有多少功劳？不好说吧！再有国家垄断行业，虽是靠政策赚钱，但你能说就没有高管的贡献？当然不能。困难在于，高管究竟对企业有多大贡献，当事人心里有数，可旁人很难说得清。既然说不清，清官难断，国资委官员也只好听之任之了。

不过我还想到另有一层，算小人之心吧。国资委官员对企业年薪把关不严，也许多少有送顺水人情的成分。反正钱是国家出，别人多拿钱而自己毫发不损，事不关己，谁会斤斤计较得罪人？前面说过，当下政府官员到企业任职是常事，而国资委官员近水楼台，被派进企业做高管的机会更多。问题就在这里，只要主事官员心存此念，他们当然要为自己留后路，与人方便也就是与己方便，有利益在，自然没必要对企业年薪高低过于较真。

上述种种，说的都是现在年薪制的缺陷。问题摆在那里，没人会否认，然而亡羊补牢，关键在如何对症下药。最近苦思冥想，我觉得经济学的分粥原理似可借鉴。比如一群人分粥如何才能避免苦乐不均，经济学的答案是，不能让掌勺分粥的人先取，而让别人有优先选择权。若将此引入年薪管理，道理也相通，年薪仍可由企业定，但谁去做高管，必须公开招聘，若条件相同，外部竞聘者优先。机制一变，高管自不会漫天要价。

用岗位竞争代替行政限薪，一着制胜又易于操作，当说是个好办法。而且经验表明，复杂问题简单处理往往有奇效，可以事半功倍。眼下政府有意干预高管年薪，那么国资委何不放开职位竞争呢？当断不断必有后患，还望政府高层早下决心！

农民增收三大重点

　　年前中央农村工作会议刚公布的数字，去年农民人均收入突破 5000 元。好消息！中国 13 亿人口，8 亿多在农村，毫无疑问，这样的结构决定了"三农"问题在中国必然举足轻重。农民富则国家富，农民不小康，中国不可能小康。也正因如此，中央当初提出新农村建设时就强调要把"生产发展"作为首选目标，而且三令五申，建设新农村不单是建村庄，而重点是帮助农民脱贫致富。

　　我从小长在农村，目睹过贫穷，也挨过饿。自己有亲身感受，所以对政府出台的惠农政策皆衷心拥护。而且我还有个看法，今天政府的惠农政策，受益的不只是农民，城镇居民其实也是受益者。几年前，温总理曾到中央党校讲话，说他一直思考农民增收与中国经济增长是什么关系？他的答案，两者是一回事。理由是中国经济要稳定增长必扩大内需，而扩需的重点是农民消费。否则，内需不足而经济停滞，城镇职工也将大量失业。

温总理说得对。改革开放三十年，中国经济龙精虎猛，GDP总量已跻身全球第三，不容易，了不起。然而问题在于，如此庞大的经济体，若再主要靠出口拉动怕是不现实。横观天下，目今国家间贸易战狼烟四起，摩擦不断，这说明主要依赖外需已行不通。防患于未然，中国不如改扩内需，而且我也赞成把重点放在扩大农民消费方面。可当下的困难是，企业产品再多也不会白送人，而农民收入低，囊中羞涩让他们拿什么消费？看来要扩大农民消费，归根结底得增加农民收入。

经济学说过，收入决定消费。本来也是，消费要受收入的约束，至少低收入不可能高消费。因此，眼下当务之急是要研究政府怎样去增加农民收入。事实上，这些年国家出台的惠农政策不少，从补贴粮食流通到直补粮食生产，从农村税费改革到免征农业税，力度之大前所未见。平心而论，这些政策也的确帮农民脱了贫，功莫大焉。但客观地看，目前农民也就是脱贫，还远未致富。而且政府惠农政策几乎已经出尽，下一步怎么办？除了中央强调的加大对农业投入、基本公共服务均等化外，我想到了三条，这里就分点说说吧。

一、以城带乡。我一贯的观点，解决"三农"问题不能头痛医头。农民增收，功夫在诗外，应做足城镇化的文章。理由简单，目前农民人均耕地 2 亩，若分散经营种啥也富不了，除非种黄金。我到农村考察过，像河南、湖北等中部地区，种粮每亩净收入不过 500 元，西部会更低。据说山东寿光农民种菜的收入要高些，但全国农民不可能都种菜，菜多了卖不掉照样会蚀本。因此别无选择，农民要大幅增收只能规模经营。一个农民种 2 亩地不能富，若种 20 亩就可年收 1 万元。问题是规模经营会使农村劳力剩出，若城镇化不发展，农业劳力转不出，规模经营无从举步，可见农民增收的关键是推进城镇化，以城带乡。

二、明确耕地产权。信不信由你，把耕地产权明确给农户是早晚的事。既如此，那么我认为晚给就不如早给。有人说，把耕地产权给农户是私有化，此言谬矣。经济学说，产权非所有权。所有权是法律上的归属权，而产权则指财产使用、收益与转让权。把耕地产权明确给农户，耕地的法律归属权（所有权）可不变，还是归集体。由此看，耕地确定产权与耕地私有化完全不搭界，是两回事。而那种担心土地私有化的论者，是漠视了产权与所有权的区别，纯属杞人忧天。

将耕地产权界定给农户，我认为有三点好处。首先，农民有了耕地产权，耕地不仅可以自由转租，也可以入股取得财产性收入。其次，农民将耕地产权抵押给银行，可从银行贷款。这些年大家都说农民贷款难，人云亦云，但究竟难在哪儿却没人深想。其实，农民所以贷款难，难就难在无财产抵押。银行是企业，要规避风险，无财产抵押贷款怎会不难呢？再次，把耕地产权界定给农户，农民权益就有了保障。至少，政府日后再征用农民的土地，价格就不能单由政府定，而需与农民协商。否则，农民就可依法与政府对簿公堂。

三、改革补贴方式。说过了，政府补贴农业我拥护，而且必须补。但要指出的是，国家给农民的补贴并非单向扶农，很大程度上，是政府与农民的一种交换。以粮补为例，国家给农民粮补,表面上,这似乎是对农民的援助,但我不这样看。物以稀为贵。假如农民少种一些粮食,粮价必涨。而今天粮价不涨反跌,为什么?经济学的解释,一定是粮食种多了。是的,由于政府为保证"粮食安全"管制了耕地用途,农民没办法,粮食再多也得种。问题在于,保"粮食安全"是政府的事,政府的事却让农民来承担,政府当然要付费。所以从这个角度看,我说粮补的实质是政府向农民购买"粮食安全"。

至于补贴方式,我总的观点是,粮食短缺时,政府不必补生产,而应放开粮价,转补城镇低收入者买米;相反若粮食过剩,政府也不必补流通,而应补贴农民休耕。粮食供应不足,放开粮价对粮农绝对是好事,政府不必管。按粮食亩产 1000 斤算,若粮价每斤上涨 5 角,农民每亩增收 500 元,而政府给农民的种粮补贴加在一起也不足 100 元。再算一笔账,现在国家每年给农民的粮补近 800 亿元,用这笔钱去补贴城镇低收入者买米,若每人补 800 元,可补 1 亿人,城里哪有 1 亿人买不起米呢?

粮食过剩时我主张补贴休耕,主要是考虑两点:一是避免农民卖粮难,二是"保护价"收购成本太高。过去有教训,痛定思痛,我们实在不应重蹈覆辙。要知道粮食是保鲜商品,过上两三年就变质,这样过多地储备粮食就不如适度储备耕地。万一哪天粮食少了,政府让农民复耕就是。粮食生产周期不长,就三个月,只要政策对头,粮价足够高,何愁农民不种粮呢?

给农民发购物券如何

上半年的经济数据已公布，GDP 增长 7.1%，实话说，我对这数字不意外，闻之不惊。4 月中旬应邀在华侨大学演讲，当时我就说今年"保八"不成问题，后来又在报纸撰文，明确说担心不能"保八"是杞人忧天。并非本人能掐会算，所以敢下此判断，完全是基于对现行体制的认识。数字出政绩，政绩出干部，只要上头考核干部看数字，这样势必驱动各地 GDP 比赛，而地区间相互攀比，GDP 怎会上不去呢？

手头没有各省的 GDP 数据，不过就我所知，上半年除了山西稍低点，其他省份皆可观，增速在 10% 左右。西部地区更高，前几天在党校学习的陕西一位市长告诉我，陕西是 13%，内蒙古为 14%，这样看，今年全国"保八"绝不在话下。其实何止是 8%，我估计，年底国务院还得将数字往下压。十年前，有过先例。今年年底会公布多少不好说，但肯定不会低于 8%。若读者不信，我跟你赌半年工资！

用不着讲复杂的道理。同一天国家统计局公布的数据说，今年上半年固定资产投资达到 91321 亿元，同比增长 33.5%。截至 6 月末，广义货币供应（M$_2$）余额 56.9 万亿元，同比增长 28.5%，而金融机构贷款余额 37.7 万亿元，比年初增加了 7.4 万亿元。这样多的钱投下去，必拉动 GDP 增长无疑。而且按照弗里德曼的理论，从增加投资到产能变化大约有半年的时滞，那么据此推，8 月起经济将全面回暖，下半年 GDP 增长会更快。

当然，我说今年 GDP "保八" 没问题，并不是说我们就可高枕无忧。众所周知，这次经济快速恢复靠的是大规模投资，当下的问题是，中央提出 "保增长、保就业"，现在增长是有了，可就业呢？我个人感觉并不能乐观。据估计，目前至少有近 4000 万人待业找不到岗位。所以如此，追根到底还是消费滞后。想想吧，投资孤军突进而消费跟不上，产品压库卖不出去，前景不妙谁敢招兵买马？企业不进人，就业压力当然会越来越大。

另一层原因，可从投资方向看，此番大规模投资，重点无疑是放在了政府工程，财政资金不必说，有消息称，上半年银行新增贷款 7.4 万亿元，其中 90% 以上也用于基础设施或大型国企。我曾多次参观过路桥建设工地，机械化施工程度之高令人瞠目，一台推土机 7 秒钟所挖的土方就相当 10 个劳力 1 小时的工作量。如此一来，政府工程虽然占用了巨额投资，但由于机械替代人手，它所创造的就业并不多。

于是这就带来一个问题。一方面，中小企业吸纳就业多，可当下产能过剩，再投资扩产会火上浇油；另一方面，政府可投基础设施，但基础设施吸纳劳力少，对就业意义不大。两难选择，怎么办？最近参加几个经济形势分析会，我与多数专家的意见是促消费，且重点是农民的消费。很明显，中国有8亿多农村人口，消费潜力大，每人花1000元就是8000亿元。只要消费增长，带动投资就业也会增加。可难题是农民收入低，无钱可花，农民怎能放手消费？

前几天湖南大汉集团董事长傅胜龙先生来京，与我谈到农民收入时他大发感慨。大汉集团这些年致力于小城镇开发，对新农村建设有贡献。我曾与同事赴湖南考察过他们开发的几个城镇，应该说，从规划到建设皆无可挑剔。可现在傅先生却遇到了麻烦，房子建好了没人买，不是农民不想买，也非价格高，每平米千元怎会高？可就是这个价格农民还是买不起。傅先生说，作为开发商实在无价可降，农民手里没钱，公司也爱莫能助。

政府当然知道农民缺钱，为鼓励农民消费，也曾多次尝试过给农民补贴。最近的例子是家电下乡。给农民补贴是好事，我举双手赞成。但我想说的是，政府这次补贴家电未必是明智之举。表面看，农民好像是补贴的受益者，其实是政府在为企业搞推销，而且政府补家电对别的行业也不公平。为什么一定是补家电？也许有的农民更需要买服装，为何不给服装补贴？大家都是纳税人，政府厚此薄彼服装商会怎么想？

我的看法，既然政府有意提供补贴，那么就不如直接给农民发购物券。相对定向补家电，发购物券至少有两大好处。第一，可充分尊重农民的自主选购权。众口难调，一个人需要什么只有自己最清楚。同是农民，张三需要家电也许李四并不需要，若政府只补买家电，对李四岂不是强人所难？第二，有利企业调结构。企业生产什么或生产多少，一定是看需求，按需定产。若政府定向给补贴，需求就可能被扭曲，如此一来，企业调结构势必南辕北辙。

我主张给农民发购物券，不仅仅是为扩需，也是给农民还账。不过这里有个问题我拿不准，即应给农民多少补贴合适。前不久与广西金融办主任赵德明先生小聚，他建议是给每个农民1万元，其中5000元建社保，另5000元发购物券。人均1万元可行吗？不能拍脑袋，关键得看财政能否承受。那天听赵先生算过账，觉得靠谱。不过赵先生与我在局外，又人微言轻，到底怎么补还是听政府的吧。

『三农』走向

5

粮食供应偏紧说

关于粮食问题我写过多篇文章，这里旧话再提，起因是最近官方称明年将大幅提高粮食最低收购价格。政府用意我清楚，是给农民吃定心丸，让农民放心种粮。我国连续五年粮食增产，估计明年可能供大于求，价格会下跌，为避免谷贱伤农，政府才承诺明年粮食的最低收购价将提高。

实话说，我不赞成政府人为提价。大约半月前，《每日财经》的记者采访我，问提高粮食最低收购价是否会推高明年的CPI？我答不会。理由简单，如果明年粮食果真过剩，粮价必有下行压力。要知道最低收购价不是整体粮价，充其量只是保底价。即便政府肯花钱提高保底价，若粮食多了，供大于求，粮价也不会普遍涨上去。只要粮价不普涨，对CPI的影响不会太大。

其实，我不赞成提高最低收购价，并非担心推高物价。我的顾虑是，政府这样做是否会重蹈前些年粮食流通补贴的覆辙。20世纪90年代后期，中国粮食出现阶段性过剩，不仅粮价下跌，而且卖粮难。为保护农民种粮的积极性，于是政府从1998年起在粮食购销环节上给农民补贴，最核心的一点就是，按保护价收购农民的余粮。

顾名思义，所谓保护价，就是保证农民种粮能赚钱的收购价。鉴于当时市场粮价走低，国务院不仅要求保护价要高于市价，而且明令国有粮食部门要按保护价敞开收购粮食，农民种多少收多少。不必怀疑政府的初衷，高价从农民手里买粮食，摆明是要维护粮农的利益。可遗憾的是，推行保护价的结果却事与愿违，农民并未增收，对此政府当初怕是始料未及。

事情是这样。由于粮食过剩，国有粮食部门按高于市价的保护价购进粮食，到后来粮食卖不出去，仓库装不下，压住大笔资金不说，而且出现了亏损。为此粮食企业叫苦不迭，意见反映到上头，当时上面的回应是，"谁叫你粮食企业亏损？按保护价收购，可以顺价销售嘛！把粮食顺价卖出去，1斤粮食赚1分钱粮食部门就可发财呀"。

是的，若能顺价销售，粮食部门与农民可双赢，皆大欢喜。可问题是农贸市场私人粮商那里粮价低，随便买，而保护价本来就高于市价，若国有粮店再价外加钱，谁肯上门光顾呢？有鉴于此，于是政府又出新招，打击私人粮商，国家垄断粮源。也就是说，私人粮商不得下乡收粮，只许在城里卖粮，私人粮商的粮食，只能从国家粮食部门手里买。

理论上看，设想没有错，但有个前提，就是国家要能垄断粮源。若粮源真能控得住，政府当然可以操纵价格。比如市场粮食需求 1 万亿斤，而国家只抛售 9500 亿斤，供应偏紧，加价顺售易过借火。可要害在于，今非昔比，市场经济买卖自由，政府怎好干涉粮商的自由交易呢？再说，私人粮商大多来自农村，与农民联系千丝万缕，政府并无三头六臂，想管也未必管得住。

果不其然，后来事实证明，国家的确垄断不了粮源。粮源管不住，顺价销售只能是空谈。政府力挺了几年，但最后还是不了了之，到 2004 年，国家终于开始实施粮食生产直补。现在回头看，当年从流通环节补贴农民的政策，出发点对，但实际效果不佳。直接的原因，就是粮食多了粮店不肯收，压质压价又使得农民不愿卖。

保护价无果而终，应说是前车之鉴。然令人费解的是，事隔几年政府今天为何又旧调重弹呢？我想到的原因是政府面临两难。一方面，中国是人口大国，吃饭事大，必须鼓励农民种粮食；另一方面，农民粮食种多了，粮食供大于求价格下跌，会挫伤农民种粮的积极性。怎么办？无奈之下，于是政府只好提高最低收购价格。

我要问的是，除了"保护价"，难道维护粮农利益就别无他法吗？非也！经济学说，供求决定价格，供大于求价格下跌，是规律，违背不得也违背不了。既如此，粮食过剩而政府怎可提高价格呢？不错，政府可把多余粮食高价购作储备，可储备总有限度，何况粮食是保鲜品，两三年就变质，储备过多最终也是浪费。

曾说过多次，也是我一贯的观点：政府与其提高粮食保底价，倒不如补贴农民休耕。有计划休耕可减少粮供，供应偏紧粮价自不会下跌。再往深想，对国家粮食安全而言，储粮其实不如储地。只要耕地在，有生产能力，日后一旦粮食短缺，三个月就可把粮食种出来。由此看，适度储粮必要，但不是越多越好。若现有耕地不减，储备够半年之需足矣。

顺便申明，主张休耕非本人首创，也非异想天开。20 世纪末中国粮食过剩，政府就曾鼓励退耕。而休耕制度，西方国家早已有之。我刚从韩国考察回来，据介绍，韩国当年推行新村运动之初，政府也搞过"保护价收购"，但不久就转为休耕。9月下旬温总理来中央党校演讲时提出中国粮食供应要趋于紧平衡状态，言下之意，我理解就是通过休耕稳定粮价。

最后再说一句，维护粮农利益与粮食安全，政府只需用两招：粮食少了放开粮价，让财政拿钱补贴低收入者吃饭；相反，粮食多了政府则补贴休耕。只要粮价稳定，种粮有利可图，手里有 18 亿亩耕地，何愁中国粮食不能自足呢！

补贴农业不如放开价格

政府补贴农业，我无从反对。粮食安全对国家举足轻重，为鼓励农民种粮，政府提供补贴在情在理，没有错。而且我说过，粮食安全是公共产品，政府补贴粮食生产其实是从农民那里买粮食安全。这样看，政府补贴农业不全是惠农，而更多是公平交易。平等买卖，我们怎能反对呢？

我不反对政府补贴，但却认为此法大可商榷。暑期到南方几个省调研，想不到从县级官员到乡下农民，也大多对粮补不以为然。他们说，政府与其补贴种粮，还不如放开粮价。云南丽江一位粮食局局长给我算过账，当下政府给农民综合粮补每亩不过 50 元，若粮价放开，每斤涨 5 角钱，按亩产千斤算，农民增收则是 500 元。

再浅显不过的道理，政府当然会懂。然而令人不解的是，明明放开粮价对农民有利，可政府何不放开粮价而转用补贴呢？

不敢轻易猜度政府，我想到的理由是，粮食事关国计民生，粮价不管住，政府担心会有人饿肚子。可管住了粮价，谷贱伤农，又势必危及国家粮食安全。不得已，所以政府只好为农民提供补贴。

是的，粮食要靠农民种出来。维护国家粮食安全，归根结底就是要让农民种粮能致富。否则种粮不赚钱，谁也不会多种粮食。三十年前我在湖南乡下种过地，当年稻谷一年种两季，不久前回老家，却发现已统统改种一季。何以如此？想来想去恐怕还是粮价低。种粮不划算，耕地势必要变相撂荒。虽然政府对种粮有补贴，每年 600 亿元，可分摊到农民头上，却杯水车薪。种粮富不了，农民自然不肯在土地上下力气。

我理解政府所以强调粮食安全，无非是说目前国内粮食供应有缺口。经济学逻辑讲，供应不足的商品，价格必上涨。只要粮价不管制，价格会刺激供给，长期看粮食安全不会有问题。可大致匡算，全国每年粮食需求约 1 万亿斤，而现有耕地 18 亿亩，若平均亩产 600 斤，也是 1.08 万亿斤。也就是说，只要耕地不撂荒，平均亩产不降低，粮食自给绰绰有余。不过这两点能否做到，最终要看粮价的高低。

有现成的例子。1998 年，国家推行"保护价"收购农民余粮，之后几年粮食产量大增，最高达 1.24 万亿斤。后来粮食多了，仓库装不下，政府取消了保护价，于是粮价走低，粮食也跟着减产，最低只有 8600 万亿斤。别误会，我不是要为"保护价"唱赞歌，这里所说的是粮价与粮供的关系。粮价越高，农民种粮的积极性越高，粮食供应越充足，国家的粮食安全就越有保障。

其实，粮食作为商品，价格原本就应随行就市。若粮食过剩，政府坚持高价收购不可取，也不可持续。可取的法门是补贴休耕。只有减少供应，粮价方能稳得住。反过来，若粮食短缺，政府则应放开价格，让价格拉动供给。不然，价格被管制，农民种地无利可图，耕地撂荒粮食也就不安全了。我不怀疑政府管制粮价的初衷是想照顾低收入者，可结果呢？适得其反，致使粮食出现短缺。

除了以上原因，我主张放开粮价，再一个理由是，限制粮价，我认为对农民不公平。想想吧，过去粮食多了，粮价下跌农民吃亏；现在粮食少了价格却不让涨，还是农民吃亏。试问天下哪有这等道理？再往深处想，管制粮价，其实是政府让农民补贴市民。粮价上涨，给城里低收入者补贴是对的，但大可不必补富人。即使补穷人，那也得由政府补，限制粮价让农民补不合理，而让农民补富人则更不合理。

换个角度，即站在政府的立场，也可以算一笔账。目前国家每年提供的粮食生产补贴 600 亿元，如果放开粮价，而将这些钱用于补贴穷人买米，如何呢？至少有一点可肯定，相比给农民的综合粮补，补贴穷人买米的开支要少得多。按财政支出 600 亿元算，每人一年补 300 元，则可补 2 亿人。城市有多少穷人我不知道，但不管怎么说，买不起米的总没有 1 亿人吧？就是按 1 亿人补，政府开支也仅是现在的一半。

另外要指出的是，粮食安全是我们大家的安全。放开粮价，不过是让大家一起为粮食安全买单。这种见人有份的事，政府何必一家独揽呢？说到这里，有个误会要澄清，很多人担心放开粮价会引发通胀，其实这个看法是错的。举个例子，假定全社会只有 200 元钱，100 元可买 50 斤大米，另 100 元可买一件衬衣。现在大米涨价了，50 斤大米需 120 元，那衬衣必降 20 元。大米涨价而衬衣降价，价格总水平怎会变？如若衬衣价不减，那仅有一种可能，就是人们手里的货币多了。

曾说过多次，通胀只是货币现象，是流动性过剩的结果。而压通胀，也只需收紧银根一招，无须其他。只要控制好流动性，粮价涨物价整体水平不会涨。懂得了这层道理，那么我们就不难明白，用控粮价来防通胀其实是头痛医脚，错开了药方。亡羊补牢，眼前最要紧的是说服政府，政府不点头，这个局面还会拖下去。

天降大任，学界岂能袖手旁观！

徐庄土地合作试验

这几年我行南走北，见过的农业合作社不少，不过所见的，大多是养殖与种植等流通性专业社。上月底枣庄市市长陈伟来京，约我在中央党校见面，他告诉我，枣庄市徐庄镇 280 多户农民自发组建了"土地合作社"。前所未闻，是新鲜事，而且凭职业直觉，此事不同凡响。于是与陈伟约定，我要亲自去徐庄看看。

实话说，赴徐庄之前，脑子里一直有个困惑：没有政府的参与，几个村的农户怎能自发组织起来？何况，牵头人据说只是个村会计。我在农村长大，对农民算有了解，但想不出一个村会计为何能让四个村的农户跟着入伙？上周末到枣庄，经市政府安排由一位副秘书长陪同去了徐庄，一路察访，问东问西，若有所悟，我似乎找到了答案。

徐庄为山亭区的一个镇。说到徐庄，还得先说山亭。山亭工业底子薄，经济排名全省靠后，是国家级贫困地区。驱车从枣庄往徐庄，沿途目之所及，除了几家水泥厂，看不到有何大企业。虽处华北平原，但这里地势起伏，平整田地有，可山地更多。当时我就想，第一个"土地合作社"所以出现于此，原因恐怕有三点：一是人多地少，靠土地不足以养家糊口；二是大量劳力外流，耕地严重撂荒；三是土地收益低，相对务工收入微不足道。

不出所料，后来了解的情况果真如此。在徐庄土地合作社办公室，我见到了社主任张凯华，彼此有两个多小时的交谈。我问：当初为何会想到组建"土地合作社"？他答：徐庄人均只有7分地，土里刨食，耕地不集中没有出路。我问：农民历来视地如命，他们怎会拿土地入社？他答：土地入社不是让农民放弃土地，而是有人觉得自己种地不如让合作社集中耕种更加划算。

据山亭区委书记董沂峰介绍，徐庄1亩好地产小麦不到800斤，按每斤0.8元算，收入约640元，投入（种子、化肥、农药、收割等）达400元，扣除成本，每亩净收入也就200多元。而一个劳动力进城务工，年收入近万元，徐庄农民人均耕地不足1亩，收入也就200元。这样算，种地收入就不及务工收入的3%。另一情况就是，当地二十八岁以下的青壮劳力已全部外出务工，大量耕地闲置，现在合作社允其入股且收益保底，务工的农民当然求之不得。

是的，土地合作由农民首创，但这绝非心血来潮。今非昔比，经过市场经济的洗礼，当下农民不仅有胆有识，也懂得算账。我曾问过入社的农民为何不自己种地，比如播完种后外出打工，待庄稼成熟后回家收割？农民说，1 亩地收入仅 200 元，从城里到乡下来回折腾，200 元还不够支付路费。得不偿失，赔本的事谁肯做？要是没有合作社，家里的承包地扔了也不可惜。

在徐庄调查，耳闻目睹，我便有了一种预感，徐庄的土地合作，就如当年的土地承包，生正逢时，对中国未来农村的影响将不可估量。三十年前，安徽小岗村的伟大创举让国人摆脱了饥饿，了不起！那么今天徐庄尝试的，无疑也是伟大的试验。不说大道理，有一点可肯定，土地合作有利于规模经营，种地农民有望因此致富。若种地能富，国家粮食安全则无后顾之忧。

要特别提点的是，徐庄土地合作并非取代承包，也不是要回到从前的大集体。我看过合作社章程，他们的做法，其实是让农民以土地经营权入股，合作社每年付给一定的保底收益。集中的土地，部分包给专业大户，其余由合作社统一耕种与管理。章程还规定，合作社转包土地的租金与土地自营收益，一律由入股农户共享，实行按股分红。

看得出，徐庄土地合作社，其实就是一个公司。从经济学角度看，对比分散经营，合作的优势一目了然。最明显的是，农民的市场地位会提高。过去农户小生产，势单力薄，无论采购还是销售，价格上只能任人摆布。如今有了合作社，背靠大树，农民也就有了还价的能力。另一方面，水利设施是共用品，过去谁都想搭便车，没人肯投资。现在有了合作社集体投入，基础设施也会随之改观。

当然，徐庄的土地合作刚起步，它还有许多地方要完善。比如，目前土地合作仅限经营权合作，这势必会给未来发展留下隐患。我想到的是，第一，土地经营权合作非产权合作，因为经营权不含转让权。问题是没有转让权的物品不能抵押，如此合作社将来无法从银行贷款融资。第二，如果农民只有经营权，土地日后一旦要被征用，合作社无权参与价格谈判，农民的利益也就难有保障。

离开枣庄的那天，我和陈伟市长交换了看法。我的建议是，政府应大胆出手，及早给农民颁发产权证。会有阻力吗？说不准，也很难说。改革要开风气之先，没人反对不可能。不过，有国家林权改革在先，又有成都地权改革经验可借鉴，搬字过纸，操作易如反掌。再说产权不是所有权，给农民颁发产权证，并未改变土地的集体性质，这样看，阻力应该不会太大吧。

最后说一句，土地合作是农民的选择，也是农村改革的大势，顺势者昌。把产权界定给农民，不仅能规范土地流转，而且可保护农民利益，维护国家粮食安全。一举多得，利国利民，政府何不顺水推舟呢？

质疑"土地换社保"

　　学界讨论"土地换社保"好些年了，是老话题。不过时至今日，此建议不再是学者纸上谈兵，不少地方已有实施。我最早看到的案例，是五年前福建邵武市的试点。那次赴邵武考察，拜访过政府官员，也走访了农民工家庭，对当时市政府推行土地换社保，赞成者明显居多。既然大家都拥护，我一个旁观者当然不好反对。改革总得往前走，而自己又拿不出比这更好的办法，边走边看，摸着石头过河也是可取的吧。

　　实话说，我当初赞成土地换社保，主要的考虑有两点。一是土地要适度集中。关注"三农"多年，有个观点我始终坚持，那就是农民致富必须规模经营。粗略算账，当下农民人均耕地不足 2 亩，每亩净收益不过 500 元，满打满算，种地收入人均也就 1000 元。这是说，人均 2 亩耕地温饱可以，但却不能大幅增收。然而困难的是，现有耕地皆已承包到户，耕地很难集中。

我们曾到豫东农村做过调研，发现有的农民进城务工已近十年，可耕地却不肯让出，自己广种薄收，而留守的农民想多种地却又无地可种。

另一点考虑是，从农民工的保障看。众所周知，进城务工农民由于没有社保，有后顾之忧，加上工作朝不保夕，不稳定，万一哪天在城里待不住最终还得回乡下去种地。所以在农民眼里，耕地是最后的防线，其实也就是他们的保障。所谓"宁可抛荒，不肯失土"，不是说农民与生俱来就恋土，而是进城农民没有安全感。要是农民工有保障，在医疗、养老等方面能享受城里人的同等待遇，可在城市安居乐业，他们何苦不放弃土地呢？这样看，让农民用土地换社保也就不失为一个办法。

当然这是我原来的看法。最近有两件事对我触动大，不得不反思。一是金融危机。有目共睹，这次金融危机对中国经济产生的影响，说是"重创"不过分。由于出口受阻，去年中小企业（特别是出口加工企业）倒闭近 8 万家。城门失火，殃及池鱼，农民工也因此大量下岗。据官方的数字称，去年下岗返乡的农民工达 2000 万人。当时有人担心，这么多人失业会不会酿成社会动荡，可事实证明有惊无险。何以如此？说到底恐怕还是农民工乡下有块地。谢天谢地，幸好当初他们没拿土地去换社保，否则下岗后没退路，接下来的局面将不堪设想。

另一件事就是，国务院决定从今年起着手建立新型农村社会养老保险，而且说做就做，年内已在 10% 的县（市、区）先行试点。为农民办养老保险是好事，我当然赞成，何况关系到社会稳定，政府也该出力。但由此带来的问题是，既然政府有意为农民办保险，那么就不应该让农民用土地换。不必深想，假如留守农民的养老保险是由政府出钱，而进城农民工则要用土地换。大家都是农民，怎可以厚此薄彼呢？再说，若进城机会成本太高，谁会离乡背井去务工？而农民不进城，土地不也照样集中不了吗？

从理论方面看，我不同意土地换社保，是因为社保不是商险。在某种程度上，社保其实具有公共服务的性质，所以无论哪个国家，社保都是社会统筹与个人缴费相结合，而且大头资金皆由政府出。如此，若让农民用土地换社保，这明显与社保的公共服务性质相抵触。我不是说农民不该缴费，该个人出的部分当然要出。我的意思是，个人缴费不至于要用土地换。一般地说，进城务工比种地的收入要高，若留守农民交得起费，进城农民工不会交不起，为个人缴费是用不着放弃土地的。

从操作层面看，农民用土地换社保，交易的一方是农民，而另一方是政府。且不说这交易的理由是否成立（因为社保本应由政府提供，无须交易），我要问的是，政府换土地做什么？是筹集社保资金吗？如果是，那么耕地卖给开发商用途就会改变。此例一开，不仅18亿亩耕地红线守不住，而且也背离了规模经营的初衷，后果必危及国家粮食安全。相反，政府若不为筹资而是推动规模经营，"土地换社保"则纯属多此一举。事实上，规模经营只需土地使用权流转，大可不必将耕地一次性买断。

是的，只要将耕地产权界定给农户，土地如何集中农民自有主张。我曾赴山东枣庄市考察过，徐庄的做法是组建土地合作社，农民用耕地入股，入股后可参与经营，也可进城务工，即便不参与经营，年底仍可分红。而滕州的做法是转租，租期长短不等，但最长不过八年。值得一提的是滕州设立的土地流转中心，看上去有点像城里的证券交易大厅，有电子屏即时显示土地的租期与价格，信息公开，转接自由。表面看，两地做法虽有不同，但也有一个共同点，即产权归属皆不变。

写到这里，我的观点很明确：第一，社保主要应由政府提供，若让农民用土地换社保不仅有悖于公平原则，而且后患无穷；第二，规模经营必推动土地流转，但土地流转未必需要卖断产权，两回事，不可混为一谈；第三，即使有农民要卖断产权，政府也得从严掌握。除非户口已迁进城市，有住房，有稳定收入，否则只要还保留农民身份，在城里居无定所且无相对稳定的职业，耕地产权就绝不可轻变。

又见民工荒

　　虎年春节刚过，媒体便报出消息称南方出现了民工荒。起初我并不以为然，半信半疑。去年上半年，政府还在为农民工失业返乡头痛不已，可仅隔几个月，工厂怎会突然招不到人了呢？难道真的是今天的劳动力短缺？细想不应该。13 亿人口的大国，缺啥也不会缺劳力。当然，我不是说媒体报道不实，打电话问过东莞的朋友，自己也赴浙江察访过，很多厂子招不到人确有其事。

　　于是学界一片惊呼，中国人口流动已出现"刘易斯拐点"。有人断言，改革开放三十年，随着农业劳动力不断转向工业，工业部门的迅速扩张已将农村剩余劳力吸收殆尽。时至今日，劳动力供给已从过剩转为短缺。是这样吗？我可不这么看。不是中国不会出现"刘易斯拐点"，我相信这个拐点很快会到来，但还不是今天。支持此判断的事实是，2008 年受金融危机冲击有 2000 万名农民工返乡，而这些人至今还有不少仍滞留在农村。

正好是一年前吧，当时面对大规模的农民工返乡，国务院严阵以待，明令地方要妥善安置。举措有三条：一是加大基础设施投资以吸纳就业，二是组织农民工职业培训，三是鼓励回乡创业。很显然，这些举措虽然有用，但却未能治本。投资基础设施能解决部分人就业，可那都是临时就业；职业培训可减缓就业压力，但也不能代替就业。至于回乡创业，我曾赴江苏、江西等地考察，创业成功的有，但并不多，凤毛麟角。由此看，农村剩余劳力仍然存在，至少还不能证明当下就是"刘易斯拐点"。

令人不解的是，农村劳动力供给不短缺，那么何以会出现民工荒？卖方有商品而不供应，经济学的解释，一定是买方出价不够高。是的，农村劳力有剩余而工厂却招不到人，工资低肯定是原因之一。要知道，农民工的立场与厂商不同，工资是否足够高不单是纵向比较，同时还得从成本方面看。比如去年月工资 1000 元，2010 年 1200 元。月薪多了 200 元，但若劳工成本每月增 300 元，这样务工的净收益就不是多了而是少了。

作这样的判断，并非我自己想当然。上周日在包头与返乡农民工座谈，算过账。他们说，去年房价上涨，城里房屋租金也水涨船高，一线城市差不多涨了 20%，而且今年可能会更高。加上近来各类生活品价格回涨，进城打工的成本越来越高。所以他们担心今年工资增长若跟不上物价，背井离乡去打工会得不偿失，不划算。

农民有这种担心很正常，也不无道理。不过在我看来，他们讲的"不划算",比较的其实不仅是进城的生活费用,而是务工的机会成本。所谓机会成本,是指做某种选择而放弃另一选择的最高代价。比如农民进城务工的机会成本,则是留在农村可得到的最高收益。这样看,今天农民打工的机会成本比二十年前的确是高了许多。政府刚公布的数字,去年农民人均年收入突破了 5000 元,而二十年前不过千元左右。

要提点的是,农民留在农村的最高收益,不单是货币收入,而且也包括与父母子女朝夕相守的天伦之乐。天伦之乐虽难用货币直接度量,但说它是农民务工的机会成本不会错,不然,就解释不了有些农民工为何不出外务工的现象。简单算账,目前农民人均收入 5000 元,每月不过 400 多元,而进城务工收入平均少说也在千元以上,扣除房租与往返交通费,月收入还是高过务农。既如此,他们选择留守农村而不外出务工,无疑有照顾父母子女的考虑。

此乃人之常情,上面的推理不会错吧?若读者同意,这里则可引出两点含义:第一,就厂商来说,目前所以招工难,说千道万,归根结底还是工资不够高,不足以弥补农民务工的机会成本;第二,就政府来说,眼下还未为农民工提供公平的环境,尤其是子女上学、看病就医等,农民工还不能享受城里人待遇。将心比心,假如你的子女不能在身边念书,常年天各一方,你会安心在城里打工吗?

再往深处想,说工厂招工难是因为工资不够高,逻辑上是对的。劳动力供不应求,当然应该提工资,而且中央也三令五申,明确要求提高最低工资标准。可困难在于,许多中小企业受金融危机重创,劫后余生,哪来钱加工资?我曾多次说过,若指望企业大幅加薪，除非政府先减税。否则，不减税而让企业加薪，无疑是强逼企业关门。再说，公共服务本该由政府提供，不管怎么说，农民工的公共服务不能靠企业加薪来支付！

回头再说"刘易斯拐点"。有数据显示，中国正开始跨入老龄化社会，六十岁以上老年人口已占到了总人口的 10% 以上。这是说，"刘易斯拐点"眼前虽未到来，但迟早一定会来。未雨绸缪，国内企业必须早做应对。去年广东面对金融危机，提出"腾笼换鸟"推动产业升级，方向对，应该坚持。毕竟靠廉价劳动力的竞争不是长久办法，一旦"刘易斯拐点"出现，不提前准备到时怕是会措手不及。

还有一点，算是题外话。目前农村种地虽不缺人手，但众所周知，这些留守农村的多是老人或妇女，年轻人不仅不愿种地，而且也不会种地。想想十年后，农村的土地谁来耕种？就算农村的新生代能全在城市就业，但粮食总得有人种吧？并非杞人忧天。古人云：人无远虑，必有近忧。不知政府是否对此有所考虑。

住房与民生

6

政府可救楼市乎

原本年前要写的文章，拖到今天才动笔。忙是一方面，但主要还是觉得不好写，并非道理有多高深，而是话题太敏感，容易得罪人。两年前应邀做客中国网，谈的正是房价。当时我说房价长期会下跌，没买房的听了拍手称快，而刚买了房的则骂我胡说八道。怎料事隔两年房价果然大跌，不知那些买房的朋友今天怎么想？

不是我幸灾乐祸。实话说，我也未想到房价会下跌这么快。当时我说房价长期要下跌是基于对房市的供求分析。到2006年，国内房供已过剩，大量积压。城市虽有无房户，但房价太高，想买买不起。有效需求不足，房价当然有下跌压力。起初我想开发商能够撑几年，可去年夏天与一家房产公司老总见面，他告诉我，房价没降但也没成交量，方知大事不妙。后来的情形大家也看到了，房价一路下跌，兵败如山倒。

　　我一直以为，这回房价下跌乃众望所归，不是什么坏事。不是吗？就在两年前，政府还在频频出招，费尽心机要压房价。可莫名其妙的是，现在房价刚刚跌就有人大喊救命，要求政府出面救市。当然，别人说什么无所谓，关键在政府怎样面对。具有讽刺意味的是，2006年年初，南方某市市长信誓旦旦，说要在当年把房价压下来。可就是这个市，不久前又推出所谓救市计划。叶公好龙，让人看不懂政府究竟要做什么。

　　曾在专栏撰文指出，阻挡房价下跌的有三个火枪手：一是开发商，二是地方政府，三是银行。开发商希望房价上涨理所当然，价高利大，没的说。地方政府呢？房价涨地价也会跟着涨，利益均沾，当然不希望房价落。而银行不同，房价涨银行没有直接的好处，但考虑到收贷风险，他也不会愿意房价跌。钱放出去了，房价跌若令开发商清盘，银行不可能全身而退。另外，还有那些投资炒房的人，当初买房是指望日后卖高价，可房价一跌，鸡飞蛋打他们怎会甘心呢？

　　经济学说，分析行为要永远从利益那方面看。是的，若站在四个当事人的立场，我们就会明白他们为何要主张政府救市，一点不奇怪。问题是政府作为公共利益的守护人，到底该不该去救市？事实上，当下政府面对两种诉求：等着买房的盼价跌，而等着卖房的却希望政府救市。各执一词，你说政府听谁的？若让我说，我选不救市。价格是市场信号，价涨代表短缺，价落说明过剩。商品过剩政府若再给保护，火上浇油，会造成资源更多浪费。

　　我不主张政府救市，还有一层理由。经济学的"帕累托最优状态"说，资源最优配置是指这样的状态，即不损害一部分人的利益就无以增加另一部分人的利益。由此看，假若政府出手救市，虽对开发商有利，但却同时伤害了消费者。如此厚此薄彼，显然不符合帕累托最优。再说，政府财政是公共财政，是纳税人一起凑的份子。若政府拿钱去救开发商，其他纳税人不点头，政府怕也没这个权力吧？

再退一步，假如纳税人授权政府救市，政府救得了吗？最近翻阅一些资料，见上海、广州、西安等不少城市早就推出过救市政策。归总起来，无非是购房入户、减免契税、降低首付等，而西安更特别些，居民购房，政府给补贴。这些政策已实施了一段时间，可看今天的房屋交易量，起色却不大。何以如此？细想不足为怪。房价不降，老百姓买不起，怎会有成交量呢？除非政府掏钱买，否则"过剩"局面不改变，优惠政策再多也无力回天。

当下有一怪论很迷惑人。此论说房地产是支柱产业，政府不救市 GDP 会下降两个百分点，减少就业 600 万人。且不说这些数字的真假，相信不是危言耸听。可我要问的是，政府拿钱救市能保两个点的增长与 600 万人就业，但如果拿这些钱去做其他，比如支持科技创新或投资基础设施，你怎么知道就不能创造出同样的 GDP 与就业呢？是的，人们容易陷入这样的误区：重视看得见的而忽视看不见的。比如政府斥巨资盖办公楼，为了证明决策高明，官员会宣称如何美化了城市或怎样创造了就业，人们也往往深信不疑。殊不知，这是官员的障眼法。若用这笔钱去盖一所学校，同样，也可美化城市，也可创造就业。只是学校没盖，大家不易想到而已。

请别误会，本人并不反对发展房产业。眼下不少人等待购房，市场有需求，房产业一定还会大发展。不过就我所知，人们如今要买的，不是那些积压的高端房，今后一个时期，高端房还会无人问津。也正因如此，所以最近发改委承诺，政府将用 4000 亿元建保障性住房。看来政府高层很清醒，并不打算替开发商的高价房买单。而且可断定，这 4000 亿元保障性住房投资一旦启动，高端房价格还得跌，不信咱们走着瞧。

我一贯的观点，政府不可直接干预价格。前些年，开发商赚得盆满钵满，当时有人呼吁政府打压房价，我反对过；而今房价跌了又有人主张让政府救市，我照样反对。研究经济学数十年，有个理念我历来坚持：政府只能做政府的事，价格决定必须交给市场，让供求去定。做买卖赔了钱就叫政府兜着，天下哪有这等道理！

房价与地价：鸡与蛋的故事

真所谓世事无常。2007 年国内房价高企，老百姓因买不起房而怨声载道；可进入 2008 年，房价却突然掉头，跌得惨，令开发商苦不堪言。前年夏天，深圳一家房地产公司的老总约见我，说深圳房价下跌近半，成交量萎缩得厉害，问我对今后的房价走势怎么看？我答他，今天的房价取决于人们对未来房价的预期，金融危机打击了人们的信心，房价要跌不奇怪，随着经济回暖，房价应该还会涨。但怎么也想不到，去年房价又一路疯涨，涨得让人目瞪口呆。

三年前我曾撰文说，中国的房价十年后必降，而近几年还会涨。尽管我有心理准备，但实话说，去年房价上涨之快仍让我大感意外。据说目前一线城市的房价，均已超过了 2007 年的高点。为稳定民心，最近国务院不得不出台政策抑制房价。有趣的是，人们两年前批评高房价，当时矛头是指向开发商；可这次房价上涨，很多人说是因为地方搞"土地财政"抬高了地价。千夫所指，于是"土地财政"也就成了众矢之的。

恕我先不对"土地财政"作评论，这里要讨论的是，究竟是地价推高了房价，还是房价拉高了地价？表面看，这问题不简单，很有点像"鸡"与"蛋"的关系。鸡生蛋，蛋生鸡，但世上到底是先有鸡还是先有蛋，的确难以说明白。不过从经济学角度看，高房价与高地价谁因谁果，我倒认为可以说清楚。但前提是大家要遵从经济分析的逻辑，不能只看现象忽略本质。

有官方数据显示，当下地方预算外收入中，土地出让金差不多要占一半。而另据华远地产任志强先生称，目前地价占房价的比例高达59%，由此推断，他认为是地价推高了房价。我没研究过房地产公司的财务资料，相信任先生不会说假话。但即便如此，我也不同意任先生的推断。不错，房子非空中楼阁，它要盖在土地上，地价高，盖房子的成本会高。然而经济学说，成本高未必一定会推高房价，不然，我们怎么解释2008年开发商成本未变而房价大跌呢？

说我自己亲历的一件事。前年10月，一位在成都做区长的朋友打电话给我，问房价何时会涨。我问他为何问这个问题，他说房价不涨地价涨不了，区财政的日子不好过。2007年，成都地价每亩可卖300万～500万元，而到了2008年下半年100万元也卖不出去。读者听明白了吗？我这位区长朋友一语道破，原来是房价带动地价，而不是相反，地价推高房价。其实，现实生活里这样的例子很多。比如钢材涨价必带动铁矿石涨价，纺织品涨价必带动棉麻涨价，粮食涨价必带动化肥涨价。总之，是下游产品涨价带动上游产品价格上涨。

当然，上游产品涨价推高下游产品价格的情况也是有的，但前提是下游产品供不应求，市场有涨价空间；否则，若下游产品过剩，上游产品涨价只会推高下游产品成本，价格却涨不了。请问有谁见过，过剩产品能够卖高价的呢？若再想深一层，即便下游产品短缺，价格上涨也是需求拉动，与成本无关。房地产本身就是最好的例子，人们看到的现象，似乎是地价推高了房价，其实不然，假若房产的需求不足，地价再高房价也不会涨。

是的，房价上涨说到底只能由需求拉动。想想 2008 年房价吧。从成本看，开发商应该都是 2007 年前买到的地，地价绝对不低，可前年房价为何会大跌呢？原因是金融危机改变了人们的收入预期，对房产的需求下降了。不妨再设想一下，假如有甲、乙两个开发商在同一地段建房，由于买地时间不同，甲买地早，地价不及乙的一半。尽管成本差别大，但若乙的房子每平米卖 2 万元，甲会因为地价低而每平米只卖 1 万元吗？当然不会。

很清楚，只要商品房供应短缺，地价无论高低房价都会涨。而由此引出的政策含义是，平抑房价应增加房屋供给而不是打压地价。房供短缺的局面不改变，打压地价只会增加开发商利润，房价不会降。这样看，那种指望打压地价来降低房价的想法，不过是人们的一相情愿，政府一旦采纳，对开发商来说当然正中下怀，而对消费者来说无异于水月镜花，到头来怕是竹篮打水一场空。

回头再说"土地财政"。近来人们口诛笔伐，对"土地财政"多有批评。大家不满意高房价我理解，但说是政府故意抬高地价我不赞成。要知道，目今房地产用地一律招拍挂，地价由开发商竞争决定。既然是竞价，有人肯出高价政府怎么能卖低价呢？退一步说，倘若政府真的高价不卖而卖低价，你会怎么想？是否会怀疑主事官员有猫腻？还有一种批评，说地价飙升是因为地方政府"捂地惜售"。这听起来似乎在理，可问题是土地稀缺，若不加控制，政府一次性都低价卖掉，将来盖房怎么办？那时候地价岂不更高？

其实，中国的土地财政问题，追根溯源，是与1994年国家启动分税制改革有关。1993年，中央和地方财政收入在全部财政收入的占比分别为22%和78%，而到了1994年，则分别变为55.7%和44.3%。这是说，分税制改革后地方财政收入占比减少了30%。麻烦在于，地方的收入份额少了，可上头千条线，地方一根针，要负担的事却没少。处处要花钱，巧妇难为无米之炊，不得已，地方政府只好做土地文章。扪心自问，假若你在地方为官，恐怕也会这么做吧。

保障性住房何去何从

　　每年"两会"热点都多，而今年的热点之一是房价。说来也是，目今房价居高不下，令普通百姓望而生畏，为民代言，"两会"代表（委员）责无旁贷，不奇怪。"两会"期间，温家宝总理承诺，说要把今年的房价稳定住，办法是加大政府投资，增加保障性住房的供给。居者有其屋，加大供给当然好，但问题是保障性住房怎么建？好事办不好，老百姓照样会怨声载道。

　　有前车之鉴。远的不说，早些年建经济适用房就是例子。我从未怀疑政府建经适房是为照顾穷人，但事实上，最后住进经适房的却并非都是穷人。别处的我不知道，至少北京天通苑的经适房是如此，那里住的就不仅有公司老板，也有大腕明星。人们不禁要问，政府明明建的是经适房，怎会卖给高收入群体呢？个中原因复杂，几句话恐难说清。但有一点可肯定，只要房价低于市价，就总会有人从中渔利，好事往往要办歪。

　　这也是我一直不推崇经适房的原因。前几天见到安徽宣城虞爱华市长，他说市政府正准备拿大片土地建经适房，我未经多想就反对。其实，早几年我做客中国网就曾表达过我的看法，而学界对经适房也颇有非议。归纳起来有：一、政府为建经适房往往将土地低价转给开发商，这样土地不通过招拍挂，价格怎么定人为因素多，猫腻也多；二、政府限制经适房卖价，开发商为挤压成本通常会偷工减料；三、建经适房是由政府划定区域，不论你何处上班，要购经适房就得搬进指定地点，这不仅给居民生活造成不便，而且把穷人与富人截然隔开对小孩心理也有不良影响；四、经适房僧多粥少，卖谁不卖谁政府不容易拿捏，难免会让富人搭穷人便车。

　　当然还不止这些，但就以上几条已足以让人对经适房不看好。那天与虞爱华市长讨论，他也当即同意我的看法。要说明的是，我反对政府建经适房，但绝不是不给穷人帮助。我曾多次说过，照顾穷人是政府的职责，义不容辞，但政府若想帮穷人办法多得是，至少不止经适房一策。比如山东莱芜市给穷人发购房券（补贴）就是不错的办法。几年前我曾到那里考察，也曾以《补砖头不如补人头》为题写文章推介过，篇幅所限，这里再简单说说吧。

　　莱芜市政府给穷人发购房券，追根溯源，理念应该是来自弗里德曼的"教育券"。针对政府提供的免费教育，当年弗里德曼建议政府与其大把花钱资助学校，还不如直接给学生发"教育券"，让学生自主择校，这样一石二鸟，不仅照顾了穷人上学，又可促进学校间竞争，提升教学质量。发购房券的道理也如此，政府不必建经适房，土地一律招拍挂，而土地收入则用于补贴穷人买商品房。阳光操作，官员不能腐败，穷人购房自便，此举可谓两全其美，深得民心。

举例说吧。三年前莱芜市的商品房均价每平米约为 2500元，而周边的经适房每平米为 1800 元。政府补贴穷人买房，补的是商品房与经适房的价差，即每平米 700 元左右。而且，这700 元政府不是给现金而是发购房券，比如当地政府规定可给贫困户 70 平米的房补，按每平米 700 元算，则政府给每户发购房券 4.9 万元。购房券可买房也可租房，然后由财政与房产商统一结算。

另一种保障性住房补贴是淮安"共有产权"模式。上月国务院发展研究中心在北京举办论坛，我应邀参加。实话说，对淮安模式之前有听说，但知之不详。所谓"共有产权"，指的是房产权由政府与住户共同拥有。说具体点，就是为了协助贫困户买房，政府出资 30%～70%，而住户出资 70%～30%，并按各自出资额占有相应产权。很显然，此模式的最大特点是贫困户买房不必贷款付息，而且 5～8 年后还可向政府按原价买回产权。

在那天的论坛上，我对政府协助穷人买房予以肯定，但对"政府产权"权益却有质疑。众所周知，经济学讲"产权"，包含使用权、收益权与处置权。但从淮安的做法看，所谓政府产权却徒有其表。名义上，政府是产权所有者，可实际上政府一不使用，二无收益，三不能处置，说白了只是提供"无息贷款"而已。若要让政府产权实至名归，使用权可让渡（扶贫），但处置权不应该放弃，即便住户要转卖产权，也只能按市价卖给政府。这样一方面可周转给其他贫困户，同时也可防止有人拿政府产权牟利。

再有一种形式，就是廉租房。我不赞成建经适房，但不反对有廉租房。是的，尽管政府可给穷人补贴，但也总会有人买不起房。既如此，那么市场上就得有房可租。有一种观点，认为廉租房须由政府投资建。而我的看法相反，廉租房也应由开发商去建，政府只需向开发商租来再低价转租给贫困户即可。想想吧，市场有租房需求，何况政府又是个大客户，有钱可赚，开发商怎会无动于衷呢？

行文至此，让我来总结一下本文要点。第一，照顾穷人住房是政府的职责，政府当竭尽全力；第二，建经适房不如发购房券资助穷人买商品房，这是说，实物补贴不如货币补贴有效率；第三，政府可协助穷人买房，但政府产权不能虚置，而落实政府产权关键在掌握转让权；第四，廉租房应由政府提供但不必政府建，要知道，提供廉租房与建廉租房是两回事，不可混为一谈。

"小产权"的是是非非

　　写这篇文章实在有些难,话题太敏感,苦想多日竟不知从何处下笔。困难明摆着,国土部门目前态度很坚决,要叫停"小产权";而下面的乡镇受利益驱动对建"小产权"却情有独钟,欲罢不能。另外还有些消费者,当初买房花了钱,现在政府说拆就拆,他们怎肯答应呢?大家立场不同而利益复杂,剪不断,理还乱,怎么说都难免有人要反对。

　　明知不好写还得写,勉为其难吧!不过为避开锋芒,恕我先不对"小产权"的"好坏"表态,而是换个角度,转而探讨中国为何会出现"小产权"。所以这样做,是因为在我看来价值判断不是经济分析的重点,而且我也相信黑格尔的一句名言,"存在即合理"。是的,任何现象的存在都有它特定的约束条件,或者说都是特定约束下的结果。经济学的任务,就是要指出约束现象的条件是什么。

先说我的看法。"小产权"作为一种经济现象，虽令人棘手，但也怪而有趣。说它怪，因为此现象今天西方国家并没有，改革开放前中国也不曾有。而说它有趣，是指近二十年，骤然间在城乡结合部风生水起、遍地开花。为何会这样？学界有多种解释，而我认为是与以下条件有关：第一，土地分属国家与集体所有；第二，城市"大产权房"供应不足而房价高企；第三，对集体土地征用的补偿明显低于市价。没有这三个条件，"小产权"是断不可能出现的。

不是吗？让我们设想一下，假如没有土地集体所有，当然不会有"小产权"。皮之不存，毛将焉附？要是城市"大产权房"敞开供应，房价也就不会居高不下。"大产权房"价格不高，"小产权"怎会有市场？再有，即使房价高，但若土地征用按市价补偿，无利可图，乡镇也用不着自己去建"小产权"。两年前我在成都做过调研，当时城郊土地市价每亩约200万元，而给农民的征地补偿仅5万元，暴利之下，乡镇政府自然要放手一搏。

以北京为例。有数据说，北京市"小产权"至少占全市商品房总量的20%。何以如此？说到底还是上面三个原因。我观察过，有个规律性的现象应该不会看错，哪个城市的大产权房价高，于是"小产权"也就越加泛滥。十年前，北京商品房均价每平米约1万元，而昌平某乡开发的"小产权"每平米却不到3000元。尽管开发商言明没有"大产权房"，可消费者照购不误。为什么？因为有人买房是为自住，产权大小无所谓。

由此可见，"小产权"在中国普遍存在，一方面是供应方受利益驱动，而同时也是市场有需求。无论你个人怎么看，也不管你喜欢不喜欢，我敢肯定，只要约束条件不变，"小产权"就绝不会消失。换句话说，政府要叫停"小产权"，若单靠行政封杀怕是不灵。上有政策，下有对策，不改变约束条件，利益摆不平，政府再怎么强调也于事无补。"走私"是典型的例子，经济逻辑说，高关税会导致"走私"。想想看，世上有哪个高关税国家不降低关税而能杜绝"走私"？

是的，政府若要叫停"小产权"，那么就得先改变它的约束条件。问题是这些约束条件能变吗？依我看，有的能变，有的不能变。首先，农村土地的集体所有性质不能变。土地集体所有受国家宪法保护，法大如天，政府怎能儿戏？其次，由于城市土地稀缺，建设用地日趋紧张，僧多粥少，大产权房供应短缺的局面短期内不可能扭转。这样就只有第三点，即征地补偿。此点不仅可变，而且应该变，但能否变关键还在政府。第一，政府不得强征集体土地；第二，地价要与农民商议决定。

说到这里，有个误会要澄清。目前政府打压"小产权"，明令不许"小产权"转让，有人说是因为法律不承认其产权，以讹传讹，于是很多人还信以为真。其实，"小产权"并非法律不承认，而只是政府不承认而已。不信你可把相关法律拿出来，无论《物权法》还是《土地管理法》，看有哪条禁止过农民卖房？相反《土地管理法》明确规定，农村村民出卖、出租住房后，再申请宅基地不予批准。意思是说，农民宅基地可以卖但有后果，那就是不得再申请宅基地。

不必讲高深的理论，很简单，宪法既然把农村土地界定为集体所有，理所当然，农民就应享有土地的完整产权。而经济学说得清楚，产权不仅包含"使用权与收益权"，而且包含"转让权"。若限制了"转让权",同时也就侵害了收益权。如此一来,产权也就形同虚设。再想深一层,集体产权与国有产权其实并无不同。产权就是产权,无论归谁,"权能"都应一样。可奇怪的是,国有产权可转让,私人产权也可转让,唯独集体产权转让不行,这岂不是咄咄怪事!

当然,政府所以设限也有些理由。据我所知,主要是说"小产权"未交纳土地出让金。奇哉怪哉,"小产权"用的是集体土地而非国有土地,转让自己的土地为何要给政府交出让金?另一理由,据说是为了保护耕地或者避免扰乱城建规划,这更是让人一头雾水。耕地是否会被占或城建规划是否会被扰乱,那是政府监管的事,与产权大小何干?退一万步,即便有这种现象,政府依法查处或拆除就是了,有病治病,何必不分青红皂白对"小产权"赶尽杀绝呢?

林权改革谁来补台

国家推行林权改革，江西是策源地。这几年我去江西少，对"林改"关注不多。不过有同事几年前曾赴江西调研过，我也读过他们的研究报告。实话说，对林权改革的方向，我从没怀疑过。所谓"山定权、人定心、树定根"，意思是说把"林权"界定给农民，放权于民则人心稳定，农民会对山林倍加爱惜。这样讲，理论上不应该错，至少我看不出有什么纰漏。是的，天下哪有人不爱护自己的私产呢？

然而，大千世界，无奇不有。前几天赴上饶讲学，顺便到横峰县葛源镇考察，发现有个现象令人费解。事情是这样的，三年前葛源镇实行"林改"，随后集体林场解散。原本以为，农民拿到"林权"后会爱惜山林，可想不到，有些农户却将自己山上的用材林一砍而光。而面对大面积的砍伐，政府只能干着急，管不了。因为林权归了农户，农民享有处置权，砍伐自由，何时砍、砍多少都是农民的事，政府想管却师出无名。

在葛源镇镇政府办公室，曾与镇党委书记苏卫东同志一席谈。我问农民为何会砍树？他答是农民讲实惠，急功近利。说农民讲实惠我同意，但说农民"急功近利"却未必。本人也是农民出身，三十年前种过地，我体会农民所以看重眼前利益，多半是长远利益靠不住，有风险。举我知道的例子。大约是唐山地震那年（1976 年）吧，我老家也听说会地震，传闻四起，人心惶惶，于是村民纷纷将饲养的家禽卖掉，卖不掉的便宰杀。是农民急功近利吗？非也。设身处地地想，假如是你，在当时情况下你会怎么做？

经济学说，人的行为选择，一定是在约束条件下追求利益最大化。既然要追求利益最大化，农民怎会轻易放弃长远利益呢？民间有句俗语："多得不如现得。"其实，这并非人们不想多得，而是长远收益变数大，得之不易。也正因如此，人们才选择落袋为安。相反，假若长远收益确定，人们则必选"多得"。比如有些农村家长节衣缩食地供子女上学，为什么？那是因为上大学的长远收益高，且他们的子女会读书，考大学的把握大。可为何有的家长却让子女辍学去打工呢？原因复杂，但据我观察，多数情况是子女读书不佳，升大学希望不大。

与此类似，农民所以大面积砍树，我的推测，也一定是长远收益不确定。按常理，用材林要生长成材才能赚钱多，可农民为何要提前砍伐呢？经多方察访，原来的确是事出有因。最主要的是农民担心林木被盗。林改前，公家有护林队专人看守；可林改后，护林队没了，防盗的责任落到了农民自己头上。各家自扫门前雪本也无妨，问题是许多农户的青壮劳力外出务工，家里无人手；即便家里有人手，仅几十亩山林却要占个劳力，得不偿失，所以不如砍掉了事。

据当地干部反映，农民砍树通常一窝蜂，会产生连锁反应。比如张三家的树砍了，李四家也会跟着砍。不然李四不砍，他家被盗风险则增大。人人自危，所以大家都得砍。而我的疑问是，面对共同的风险，农民何不集资聘请护林员呢？后来去宜春，就此请教过高安市市委书记郭安。他告诉我，盗林者多是亡命之徒，农民自聘的护林员基本不管用。以前护林队由于有政府背景才有威吓力。而私聘的护林员无政府背景，即便有人盗林，护林员发现了也怕是难以阻止。

郭安的解释有一定道理，不过在葛源镇调查，我了解到还另有一层原因。"林改"之初，镇政府曾有意组织农民集资成立护林队，可想不到有的农户却不肯出钱。有人说，他家的林子离家近，用不着看管，不怕偷。而另一些农户则说，那些人明显是想占便宜，让别人出钱帮他看林子，他不怕偷，我也不怕偷，故我也不出钱。这种现象，经济学叫"搭便车"。是的，一旦允许搭便车，结果必是无人买票。没有钱，成立护林队再好也只能空谈，最终，还是不了了之。

由此看，国家把"林权"界定给农户，方向对。但如果政府不维权，农民的"林权"也就形同虚设。当然，不是说没有相关法律，真正的困难在于，由谁负责将那些以身试法的盗林者捉去公安局？上文说过，靠农民自己不行。农户势单力薄，各自为战，往往斗不过盗林者；而集体成立护林队可行，可由于有人想"搭便车"，结果大家都不肯出钱。两难选择，如何是好呢？

　　想来想去，我觉得可取之法是由政府成立护林队。理由简单，当下"林权"虽已界定给农户，表面看，似应由农户自己维权，但想深一层，维权的责任其实仍在政府。政府作为公共利益的代表，首先就应该是产权的监护人。两百多年前，亚当·斯密就说政府是守夜人。作为守夜人，维护老百姓财产安全责无旁贷。

　　其实，从维权效果看，政府成立护林队是明智之举。说过了，农民自己护林无政府背景往往力不从心，而政府的护林队不同，代表国家执法，有足够的威吓力。若从成本看，优势更明显。比如1000家农户自己守林，哪怕投资1000万元，分摊到每户也就够买两部手机，而政府护林队若只拿出500万元，则可购买到先进的装备。两相比较，何者为优一眼就能看得出。

　　最后说一句，财政取之于民用之于民，而维权又是政府的责任。既然责任所在，请问政府还犹豫什么呢？

看不见的手

7

通胀会否卷土重来

　　大约 4 个月前，学界就曾有人提出要防通胀，而我却在多个场合表示过不同意见。并非固执己见，也非中国未来无通胀可能，而是那时国内经济刚企稳，"防胀"我认为不是当时的重点。看上半年的物价数据，CPI（1 月份除外）与 PPI 双双为负，"同比""环比"皆如是。形势并不妙，故我担心操之过急会令通货紧缩，政府扩需效果会因此前功尽弃。

　　然而现在几个月过去，转眼到了 9 月底，正所谓此一时彼一时也。就在不久前举行的大连达沃斯论坛上，我注意到温总理的讲话，一方面，他强调宏观政策要保持稳定，但同时又指出要警惕和防范通胀风险。寥寥数语，却是个重要信号，表明决策层已预感通胀的压力。本来也是，年初央行计划全年新增贷款 5 万亿元，可上半年贷款达 7.4 万亿元，年底将突破 10 万亿元，这么多钱放出去怎会不拉高日后物价呢？

经济学说过，通胀始终是货币现象。若反过来理解，则是说防通胀其实只需一招，收紧银根。可难题在于，央行并不知道何时收银根才对，而且力度也不好掌握。有前车之鉴。比如20世纪80年代，当时政府为促进商品流通而扩大信贷，想不到1988年却酿成了一场全国性的抢购风潮。无奈之下，中央只好急刹车，可一脚踩下去，到1991年经济却又跌入低谷。1992年经济重新启动，但很快又出现过热，物价指数迅速超过20%。

1993年再次紧缩，到1996年见效，这次不仅通胀得到了遏制，而且经济增长仍达10%。于是很多人弹冠相庆，以为宏观经济"软着陆"了。然而好景不长，人们很快发现需求不足悄然降临，企业效益迅速下滑，失业急剧增加。令人懊恼的是，正当我们调整政策试图再将经济拉起的时候，祸不单行，迎面却撞上了亚洲金融危机，1998年又遭遇特大洪灾。尽管中央采取一系列措施予以弥补，但萧条还是终成定局。

由此可见，中国经济的确存在这样一个"冷热循环"的怪圈。何以会如此？有人试图用经济周期来解释，但问深一层，经济为何会有周期？对此我倒觉得弗里德曼的解释更有说服力。弗里德曼早年曾研究过多国的货币资料，结果他发现一国货币供应量的增减，并不能马上表现为物价变化，中间的"滞后期"需12~18个月。正由于有"滞后期"，所以政府在用货币政策调节经济时往往会做过头，要么刺激过度，要么紧缩过度。

是的，问题就在这里。虽然推断通胀到来的时间并不难，但因为"滞后期"，我们却很难找准紧缩银根的最佳时机。比如从去年11月政府启动扩需，至今差不多已有10个月，其间中央财政新发债9500亿元（含地方债2000亿元），增加贷款

8万亿元,若按弗里德曼说的"滞后期"推算,那么物价上涨就应该在今年年底,最迟也在明年7月。未雨绸缪,央行按理说眼下就应该着手收银根,可看上月的数据:CPI 仍为 -1.2%,PPI 为 -7.4%,在这样的情况下,谁敢保证紧缩银根不会令物价继续走低呢?

政府目前所以举棋不定,也许原因就在于此。所以央行最近多次说,适度宽松的货币政策不会变。做这样的表态可说用心良苦,目的无疑是为稳定军心。不过表态归表态,若从经济逻辑看,宽松的货币政策不可能长期不变。想得到的,一旦物价回涨,央行怎可能无动于衷?要知道,物价上涨有惯性,若是放任不管,等通胀真的到来政府怕是措手不及。有过多次教训,我想政府这次绝不会再让自己被动。

很明显,目前政府的处境确实很尴尬:一方面要保增长不敢轻易收银根,可另一方面要防通胀又不得不收银根。左右为难怎么办?天下能有两全之策吗?当然有。我曾多次撰文推介过弗里德曼的"单一规则"货币政策,而且认为可取。弗里德曼说,欲调节经济央行不必频繁动用货币政策工具(利率、准备金率与公开市场业务),而只需在确定货币供应时盯着两个指标:一是经济增长率,二是劳动力增长率,并把货币增长控制在两者之和的范围内。除此之外,其他统统不要管。

弗氏的"单一规则"一直受到学界推崇,原因绝不单单因为他是大师,重要的是此规则曾在美、英等国试验过,而且结果证明行之有效。既如此,中国经济要跳出"冷热循环"的怪圈,有现成的理论何不借鉴一下呢?比如按弗里德曼的"单一规则",今后我国经济增长率若为8%,劳动力增长率为7%,

那么，货币供应增长率就应控制在 15% 左右。可以肯定，只要央行守住此防线，我们既可免通胀之忧，也不会致经济大幅波动。

令人蹊跷的是，央行作为掌控货币政策的专业机构，藏龙卧虎，而且懂弗里德曼的专家无数，可不知何故他们却很少提及"单一规则"的货币政策，是认为此规则不可行还是另有难言之隐？我不敢猜，也猜不着。问题是通胀正在向我们逼近，刻不容缓，央行迟早得拿出办法来。这里我斗胆说一句，假若"单一规则"不被采用，那么别无选择，明年第二季度必有"紧缩政策"出台。

读者信我吗？不信咱们等着瞧。

成本可推动通胀吗

我上月撰文说，2010 年第二季度可能有通胀。文章发表后总也不踏实，诚惶诚恐。倒不是怕自己推断出错，而是国人历来对物价敏感，我担心又会有人谈"胀"色变，草木皆兵。并非杞人忧天，就在两年前，CPI 不到 5%，当时社会上就风声鹤唳，如临大敌。结果去年金融危机全球经济保增长，唯有中国防通胀。现在看政府明显是出错了招，不然宏观调控去年年底是不会紧急转身的。

回想起来，政府去年所以要"防胀"，误判了形势是原因之一，但主要还是迫于社会压力，或说是源于人们对通胀认识的误区。很多人以为，物价上涨侵害民生，但凡通胀皆须严防死堵。其实这种看法是错的。高通胀当然不好，我们要反对；但适度通胀未必有害，凯恩斯当年有论证，今天的教科书也有分析，白纸黑字读者可以自己看。我只补充一点，大众消费买涨不买跌，通胀就抢购，通缩就观望，这样看，适度通胀至少能够刺激消费。

那么，何为高通胀？适度的标准怎样把握？我的观点之前其实也说过，判断通胀是否适度不能单看物价指数，而要看三个指标的匹比。这三个指标包括通胀指数、GDP增长率与财政收入增长率。若通胀率高于后两者，是高通胀；反之，则为适度通胀。也就是说，通胀率高低本身并不表明什么，要比较地看。物价上涨5%，在美国绝对是高通胀，但在中国却不是。因为美国经济增长最高不过4%，而中国平均为8%。

于是有人问，前两年中国CPI仅4.6%，涨幅并不高，可为何人们会怨声四起呢？我的分析是这样。对消费者而言，发生了通胀，无论高低自己都得蒙受损失。比如从前100元能买100斤大米，通胀后只能买90斤，这意味着货币贬值，实际收入降低，有切肤之痛，老百姓当然会不满。但从政府角度看，平民怨并非只有控物价一途，同时也可加高收入。若收入增长高过物价上涨，大家怎会怨天尤人？由此我想，假如前年政府把重点放在提高收入而不是防通胀上，去年的局面也许不会那么被动吧。

写到这里，关于通胀我觉得还有个误区，那就是所谓"成本推动通胀"。此说流传甚广，而且我看到的教科书谈到通胀时也都说有三种：一是需求拉动，二是成本推动，三是结构性。第一种我当然赞成，但说成本与结构能推动通胀，牵强附会，我不同意。经济学大师弗里德曼曾说得清楚，通胀是货币现象，只要货币供应不超量，就不可能会通胀。举个极端例子，假定全社会一年只生产两个商品：手机与计算机，价格均为2000

元，价格总额为 4000 元。若年货币量（购买力）也刚好为 4000 元，请问通胀何以发生？若手机涨价，受货币量约束计算机会降价。这样有升有降，物价总水平不会变。

以上道理再简单不过，可令人不解的是，今天相信成本能推动通胀的学者却大有人在，其实不只学界，政府官员也如此。为什么会这样？我想可能的原因是对价格原理一知半解。经济学反复说，价格要由供求定。可历史上由于商品短缺，人们所见到的定价通常是成本加利润。远的不说，比如当年计划经济时期，一块上海手表成本 100 元，目标利润 20 元，于是企业就定价 120 元。这样给人的印象，价格似乎是由成本定。既然成本高则价格高，故成本推动通胀也就顺理成章了。

骤眼看，此观点好像并没错，无懈可击，然而想深一层，这中间其实大有疑点。首先，个别商品短缺，成本推动价格上涨乃供求规律使然，与通胀是两回事，一旦供应增加，价格会立马降下来。其次，成本加利润定价只是厂商卖价而不是市价。经济逻辑说，卖价要成为市价有一个前提，那就是商品短缺。因为只有供应不足，消费者无力还价，不得已才会对卖价逆来顺受；但若不是如此，社会上商品过剩，消费者有足够的选择余地，市价就不能由厂商定而要由买方定。不然买方不认同，产品卖不出去，长此以往企业会怎样我不说大家也知道。

是的，在过剩经济下，价格应主要由需求定，是需求决定价格，价格决定成本。想想吧，如果市场供应充足，商品随处可买，这种情况下厂商若按成本定价，价格高了谁会买？消费者不光顾，有行无市，价格再高又有何用？何况企业间有竞争，你不卖别人卖，商家不蠢，谁会一意孤行按成本定价呢？其实，商品过剩时企业要生存，明智之举是让价格决定成本，说明白点，就是要将成本压至市价之下。

回到政策层面，本文可推出的含义有两点：第一，市场经济是过剩经济，成本不能决定价格。这是说受需求约束成本上升价格不能涨，成本不可能推动通胀。第二，从产业链看，上游产品涨价无疑会增加下游成本，但若下游产品过剩，成本增高价格也不能涨。由此看，结构性物价上涨也不可能引发通胀。结论是，说农产品涨价会引发通胀是无稽之谈，而控制上游产品价格防通胀也是大战风车。

最后再说一遍，通胀是货币现象，防通胀只需一招，即控制货币总量。多年的教训，政府调控要管宏观而不要管微观，调结构的事交给市场。要知道价格是市场信号，它不仅能调节供求，也能调顺结构。既如此，我认为除了垄断行业与公共品，其他价格应一律放开。农产品涨价不要管，燃油涨价不要管，就是春节火车票涨价也不要管。政府只要管住货币供应，物价就绝不会天下大乱！

假如没有"黄牛党"

　　春运高峰一年一度，是老问题了。每到这个时候，铁路部门就兴师动众、手忙脚乱。当然最苦的还不是铁路部门，而是那些急着回家的民工，归心似箭可又一票难求。有人把这一局面归罪于"黄牛党"，认为是"票贩子"从中作祟。于是铁道部今年推出新招，率先在广州、成都等地实行实名购票。实名制对打击"黄牛党"肯定有用，没人怀疑。但我不明白的是，打击"黄牛党"与改善车票供应有何关系？假如没有"黄牛党"，火车票难道就不紧张了吗？

　　回想二十年前，我当时在人民大学念书，那时"黄牛党"还不像今天这样猖獗，可每年寒假为买车票回家，同学们得在人大东门的售票点通宵达旦地排队，寒风凛冽，人困马乏，那情形于今想来还苦不堪言。由此我有个判断，春运火车票难买，并非"黄牛党"所致，而是车票供不应求。设想一下，如果春运期间缺 100 万张票,即便政府有办法让"黄牛党"销声匿迹,铁道部不也不能增多一张票的供应吗?

是的,事实就是这样。所以我一贯的观点,不是"黄牛党"造成了车票短缺,恰恰相反,是车票短缺成就了"黄牛党"。为便于理解,这里不妨让我引入一个经济学概念,即"消费者剩余"。什么是"消费者剩余"?经济学说,假若消费者肯出高价购买某商品,可由于价格管制却以低价成交,这样,消费者的意愿价格与受管制后的成交价之间有个差额,此差额即为"消费者剩余"。切莫望文生义,如果你认为"消费者剩余"就是给消费者的好处,那么就大错特错了。

举火车票的例子。春运期间因为车票供应短缺,比如一张从广州到成都的车票,假如有人愿出 500 元,但铁道部规定只准卖 400 元,那么这 100 元的差价则是"消费者剩余"。问题也就出在这里。铁道部原本以为,管制价格是对消费者让利,其实不然,这正好是给了"黄牛党"可乘之机。这些年,铁道部一直限定票价,可顾客却很难买到低价票。为什么?路人皆知,那是铁路的"内部人"将车票加价卖给了"黄牛党",而"黄牛党"再加价卖给消费者。这是说,价格管制所形成的消费者剩余并未归消费者,而是由"黄牛党"与"内部人"瓜分了。

想想 20 世纪 80 年代中期的价格双轨制吧。政府限制钢材价格,于是就有人"倒"钢材;政府限制地价,于是又有人"倒"土地批文;政府限制化肥的价格,于是连化肥也有人"倒"。总之,但凡有价格管制的商品,几乎都有人"倒",当时社会各界对此意见很大,怨声载道。不得已,后来政府这才放开了价格,结果价格一放开,"官倒"很快就不禁而止。这件事给我们一个启示，打击"黄牛党"其实只需一招：放开价格。由此看，今天推行所谓实名制购票并非明智，恐怕是劳民伤财而已。

我的分析是这样。上文说，在实名制推行之前，"消费者剩余"是由"黄牛党"与"内部人"瓜分；而实名制后，"黄牛党"当然不能再从中渔利，但"消费者剩余"仍不会归到消费者头上。它会从两方面消散：一是顾客购票排队与验票等待的时间。听说这次实行实名制的地区，顾客会被要求提前4小时进站验票，对顾客这无疑是不小的成本。二是身份验证系统与设备的投资。有消息说，仅广州与成都采购相关设备的费用就高达2亿元。显然，这2亿元既未改善车票供应，也未改进国民福利，对社会纯属浪费。

再想多一层。推行实名购票而不放开价格，说到底，是铁路部门在向身份验证设备供应商让利。道理简单，若放开价格，车票涨价铁路部门肯定会增收，"消费者剩余"不复存在；而管制价格推行实名购票，铁路部门未增收，"黄牛党"也无利可图。这样一来，"消费者剩余"则从"黄牛党"那里转给了设备供应商。我不清楚目前供应商是谁，铁道部至今语焉不详。若是自产自用还好说，肥水没流外人田；若设备来自进口，那铁路部门算是蠢到了家。

当下的麻烦是国人对价格太敏感。不必说，谁若主张放开价格，谁就准得挨骂。但我要问的是，除了放开价格，谁又有比这更好的办法吗？短缺就是短缺，价格放不放开都总有人买不到票。而且我坚信，价格管制的最大受益者并不是民工，而是那些掌管权力的官员。官员买票或许一个电话就能搞定，民工却要自己排队，而且还未必能买到。与其如此，反倒不如放开价格。价格放开后，不仅铁路部门可增收，同时也可分流顾客。而最重要的一点是，铁路部门有了钱可投资改善供应，长远看，对民工未必是坏事。

其实，铁道部若真想照顾民工，是用不着限制价格的。让价格放开，民工可按市价买票，然后铁路部门可根据其有效证明（如乡政府出具的打工证明，企业的雇用合同等），再返回一定的折扣给民工。当然，这件事操作起来会有些烦琐，也难保没有人弄虚作假，但事在人为，至少这样处理可避免富人搭穷人的便车。铁路部门没必要补贴富人坐车吧？多少年来，春运已令政府伤透了脑筋，长痛不如短痛，铁道部何不放手一试？

再说春运火车票价格

前篇写《假如没有"黄牛党"》，是春节前一天，要过年，没法在报纸上发表，于是只好先挂在网上，投石问路，也是想听听网民的意见。几天前上网一看，好家伙，网上一片责骂。反正骂死人不偿命，没人管得了，想骂尽管骂。所幸我自己不蠢，早就刀枪不入，对所有尖刻言辞皆一笑置之。

有理说理，读者不同意我当然可以批评。可惜的是，网评中却很少有理性的声音。曾说过多次，经济学者并不冷血，也有同情心。但经济学者的任务是要揭示规律，所以做经济分析得尊重逻辑，不能用情感代替理智，否则让同情心先入为主，一叶障目，推理会谬之百出。正是基于这样的考虑，故对谩骂我历来不理，而对非理性的批评，也从不回应。

不过这次不同。我之所以要写文章回应，并不是因为挨了骂，而是此话题关注度高。事关很多人的切身利益，大家要站出来说话很正常。我不反对人们表达诉求，而且追求利益最大化没有错，无可厚非，问题是政府兼顾效率与公平应该怎么做。我在前文指出，铁路实名购票劳民伤财，不是说政府不该打击黄牛党，而是从经济学角度看实在是得不偿失。

我的观点至今不变，春运铁路运力（车票）短缺，并非黄牛党惹的祸，而是我们的特殊国情所定。一方面，春节回家团聚乃国人传统，千古不易；另一方面，这些年进城务工的农民数以亿计，这么多人要同时回家，铁路当然会不堪重负。困难在于，春运再紧张，铁道部也不可能另造铁路或火车，不然春运一过就得闲置。这就是问题的关键，春运期间一票难求，原因即在于此。

不是要为黄牛党辩护。平心而论，黄牛党确实只是运力短缺的结果而不是运力短缺的原因。不论有没有黄牛党，谁也不能否认春节运力短缺是事实；相反，车票短缺却不让涨价，黄牛党这才应运而生。有谁见过黄牛党"倒"机票吗？没有吧。那么黄牛党为何不去"倒"机票？答案是机票无价格管制，无利可图当然不会有人"倒"。由此看，打击黄牛党其实只需放开价格一招。兴师动众地推行所谓实名购票，投入大量人财物，结果车票没多增一张，反而购票、验票更烦琐，这不是劳民伤财又是什么？

有人赞成实名购票我理解。是的，今年不少人的确是买到了低价票，得了实惠，他们当然会叫好。可若去听听那些没买到票的民工的意见，知道他们怎么看吗？还是怨声载道。也难怪，假若铁路总运力只有1000万张票，需求却是2000万张，这样不管搞不搞实名制，总会有1000万人买不到票是不是？这是说，实名制只是让谁买到票或让谁买不到票，改变的仅是购票规则。不怕浪费时间打电话或排队的肯定能优先买到票，而那些没时间的，即便出高价也会买不到。

我还有个推断，只要火车票价格不放开，若明年再行实名制，不仅黄牛党将死灰复燃，且身份证造假也可能会成一大产业。今年是实名制试点头一年，各方严防死守，结果"倒票"的事还是四处可见。不仅广州、成都有，其他城市也有。事情明摆着，政府管制了价格，有差价可赚，黄牛党怎能不见利动心？退一步，即使黄牛不主动上门，可有的人时间值钱，为省时间，他们也会找黄牛"代劳"呀。

经济学说，商品供不应求价格上涨，供过于求价格下跌。这本是经济学常识，理论上不会有人反对。可奇怪的是，一回到现实人们往往就不这么看了。不是吗？比如春运火车票明明短缺，可人们却不希望涨价。何以如此？查看了一些文章，归纳起来有三点理由。一是铁路系国家投资，且垄断经营没有竞争；二是铁路客运乃公共品，而非普通商品；三是放开价格，车票会漫天涨价对消费者不公平。

是这样吗？我看未必。先说第一点，铁路系国家投资没错，目前也少有民营资本进入，但这样能说是铁路客运就没有竞争吗？非也！事实上，从国内整个客运市场看，铁路不仅要与公路竞争，而且要跟空运竞争。铁路今天所以顾客盈门，说穿了是低价竞争的结果。不信把火车票涨起来，顾客会不会跑到空运与公路那边去？当然，我也赞成铁路引入民营资本，但没有民资进入绝不等于没竞争，更不能成为价格管制的理由。

说铁路客运是公共品而非普通商品，我也不同意。铁路与空运、公路运输比，究竟"特殊"在哪里？这些天思前想后我也不清楚。经济学说，公共品的重要特征是消费非竞争、非排他。可铁路客运并不如此，不仅消费竞争激烈，而且高度排他。一张车票被我买了，你就买不到，怎能说铁路是公共品呢？有人说，铁路是国家花钱建的，"人民铁路"只能卖低价。这是什么话？国家投资的产业岂止铁路，难道国企产品都只能卖低价？没这个道理吧！

至于放开铁路客运，票价是否会漫天涨价？我的看法是不会。说过了，铁路面临公路与空运的竞争，火车票价若接近机票价，顾客会选择坐飞机，若低于机票但比汽车票价高太多，顾客会改坐汽车。所以一般说来，火车票价会在机票与汽车票价之间浮动。其实，早几年春运期间车票价上浮20%而平时下浮10%就是不错的办法。春运多付点钱，平日少付点钱，算总账对消费者也公平。

最后再多说一句。政府管制火车票价格，春运不涨，平日不降，这无疑是让平日坐火车的顾客掏钱补贴春运坐车的顾客，想想看，这对平日坐火车的顾客公平吗？

政府采购呼唤竞争

德国经济部前部长艾哈德曾写过一本书，名为《来自竞争的繁荣》，1957 年问世。不仅题目好，书也写得好，当年做研究生时读过，至今二十多年还记忆犹新。眼下我这篇文章也谈竞争，不过人贵自知，当然不敢与艾氏比，而且是专栏文章，篇幅受限不可能展开谈。其他不论，这里就专说"政府采购"。我的观点是，政府采购不得限制竞争。

之前我的想法是，政府采购因购买批量大，与厂家谈判有筹码，进价会相对低。此为经济学常识，照理不应该错。而且两年前我有同事对北京社区医院药品集中采购做过调查，结论是，2006 年北京市政府直接向药企集中采购 312 种、923 个品规药品，结果社区医院药价平均比二级、三级医院便宜了 36.1%。照这样推算，全市三级医院每年用药 160 亿元，若药价降低 10%，则每年药费就能节约 16 亿元。

逻辑上说得通，又有实证支持，所以对政府集中采购我一直举双手赞成。可最近有件事却让我有了动摇，8月底去湖南开会，与岳阳市黄兰香市长共进早餐。老朋友见面当然无话不谈，席间黄市长说，现在药品集中采购反倒让药价猛涨，患者怨声载道。她的话令我大感意外，可惜那天上午她有会，来不及细聊。回到北京，我把这一现象告诉朋友，朋友很快从网上传来一个材料，真人真事，看后由不得我不信。

事情是这样。前不久福建寿宁县龚先生的堂嫂因喉咙长瘤住进县医院，医院开出一种治疗该病的药——硫酸软骨素注射液，价格是每支28.92元。但当龚先生到县医药超市购买同一种药品时发现，药品超市零售价每支0.45元。同一药品，医院价格高出超市63.3倍。于是患者状告县卫生局，然而经有关部门查证，医院使用的是福建省集中采购药品，所售价格为合法，结果，此案以患者败诉而告终。

好奇怪的现象。究竟是咋回事？专家的解释：超市药品购自物流直销，而政府采购却要经过代理商、医药代表、配送机构等中间环节，雁过拔毛，层层加价，这样药品到了医院，就从成本价0.3元变成了28.92元。若情况属实，那么我要问的是，既然集中采购不能降药价，政府岂不多此一举？也许，政府是为了杜绝药品采购中的腐败，可这代价也实在太高了，再说，也没道理让患者承担反腐成本呀！

冥冥中我有一种感觉，降低药价与杜绝腐败，除了集中采购外，还应该有别的办法，什么办法呢？思前想后，我最终想到的是医药分家。不错，目今药价居高不下，究其原因是医药一家。医生开处方，药从医院买。这样药价高低由医院定，没有竞争，药价哪有不高的道理？假若将医药分开（斩断医药间的利益关联），医院只开处方，药品由患者去药店买。这样让医院与医院比服务，药店与药店比价格，有了竞争，药价何愁不降下来？

我这样说并非要否定"集中采购"。我的意思是，集中采购必须要能降低成本，不然搞得越热闹就越是劳民伤财，除了浪得虚名毫无意义。可转念再想，若如上文所说，医药分家当然好，问题是改体制要伤筋动骨，就算政府力推短期内也不可能一蹴而就。远水不解近渴，怎么办？在医药未分开之前政府总不能不作为吧？舍优求次，我想可行之法还是集中采购，不过现在的集中采购方式要改，要引入竞争。

还是说前面的例子，福建寿宁县医院开出的硫酸软骨素注射液，价格要超出医药超市的 60 倍以上，专家解释是中间环节多，而我看是政府采购无竞争。经济逻辑说，假如允许竞争，中间环节不可能多，即便多也不可能漫天要价。我看到的资料，中间机构提取的费用有的高达 30%。所以如此，相信原因有方方面面，但关键还在政府采购垄断。只此一家，药价再高医院都得买。这样不受竞争约束，皇帝女儿不愁嫁，采购成本高也就不足为怪了。

由此看，降低采购价格当务之急是要打破垄断。现在的问题是，"集中采购"由政府操控，用什么办法能将竞争导入呢？我的考虑有三点：第一，政府应同时设立多家采购机构，且彼此独立，分别考核；第二，允许购货单位货比三家，即是说，购货方最终从哪家订货可自主决定；第三，网开一面，保障购货方在政府采购价高于市场价时有退订的权利。如此一来，不仅政府采购机构间会有竞争，政府采购机构与代理商之间也会有竞争。

可以推断，只要允许竞争，政府采购机构想生存价格就必降无疑。最近与朋友讨论，大家也同意此判断，但也有人担心打破政府垄断后产生腐败怎么办？我回应四个字：依法惩处。其实，政府采购也非净土，腐败也不少。不是吗？前有广东省政府采购中心原主任李春禄的受贿事件，近有重庆合川区政府为几所中学采购的"问题床"曝光。甚至有人说"集中采购"就是集中腐败，虽然言过其实，但指望政府采购根治腐败则无疑是异想天开。

"繁荣来自竞争"，这是艾哈德说的。让我们记住这句名言吧！是的，不仅搞经济要竞争，"政府采购"也要有竞争，否则若政府采购价比市价更高，腐败更甚，哗众取宠就不如取消算了。

新书打折又如何

　　价格问题似浅实深，写过多篇文章，本来不想在此话题上再费笔墨，可前几天读报看到一则新闻，说中国出版工作者协会、中国书刊发行行业协会、中国新华书店协会三家联手推出《图书公平交易规则》。引人注意的有两点：一是新书销售一年内不得打折，二是网上卖书折扣最低不得超过八五折。莫名其妙，要不是亲眼所见，我不会相信天下真有这等荒唐的事。

　　在我的印象中，政府管制价格上涨的事以往经常有，司空见惯。肉价管过，粮价也管过，而且今天的电价还在管。可政府不让降价的事却很少见，不是完全没有，但不多。我知道的例子，是前些年民航总局曾推出过禁折令，规定各航空公司机票不准打折。此令一出，航空公司当然不敢违抗，不过机票虽不打折，但你买机票时航空公司会送你价值相当的礼品，如此一来，明折改暗折，于是禁折令实际上也就形同虚设。

很显然，今天的新书限折与当年的机票禁折异曲同工，是一回事。而且据我所知，早先机票禁折是为了保护亏损的航空企业，可现在新书限折又为何故呢？打电话问过几位在出版社做编辑的朋友，没想到他们也大惑不解。最近媒体很热闹，说好说坏的都有。但归纳起来，主张新书限折的理由不外有：1. 图书是物化的精神商品，有明码标价大家就得遵守；2. 当下国内图书市场很混乱，新书不限折会加剧无序竞争。

查阅过网上的评论，有读者批评一针见血，说得实在好。本人当然也不同意上述理由，不过我是从价格原理方面看。经济学说，价格是反映市场稀缺度的信号，价格高低得由供求决定。这是说，厂商按成本加利润定价只是卖价而非市价，若买方不接受，商品卖不出去就只能束之高阁；同理，买方愿出的价格也非市价，若卖方不认同你也买不到，所以市价要买卖双方定。这是价格理论的常识，稍懂经济学的应该耳熟能详吧！

明白了这层道理，我们再来看图书定价。不用说，目前标注在封底的定价，是出版社的卖方价（成本加成价），尽管出版社定价时会考虑读者的承受力，但这绝非真正的市价。从经济学角度看，市价包含成本，但不直接决定于成本。比如人们花数百万元买一幅古人字画，不是因为字画成本高，而是物以稀为贵。另一个大家熟悉的例子是月饼，中秋节前一盒月饼卖500元，可中秋节一过，价格立即大跌，这也并非生产月饼的成本低了，而是月饼的需求少了。生活中类似的例子很多，说明市价的确不完全取决于成本。

有人说，图书是特殊商品，一般商品厂家只确定出厂价，零售时经销商可自由加价；而图书不同，出版社直接规定零售价，并将其印在书底公告天下，使经销商无法再加价出售。猛然听，两者似乎真有不同，但仔细想，其实没有任何实质差别。首先，一般商品零售经销商是可以加价，但市价要由买卖双方定，消费者不蠢，怎会听任经销商自由加价呢？其次，从图书定价看，图书定价是出版社（按成本加成）制定的最高价，这样经销商当然不好加价，否则消费者不买，加价也是白加。

是的，说图书是精神商品是对的，我同意。但我却不明白这与新书不准打折有何关联？精神商品也是商品，有哪家经济学说过精神商品的价格不能打折呢？事实上，"三协会"也不是主张完全禁折，而是说新书一年内不得打折。这就奇怪了，既然一年后可打折，为何一年内就不可以？俗话说，卖家总比买家精。若高价有人买，卖家是断不会打折的，而之所以会打折，那一定是不好卖。卖不出去还不准打折，这是何道理？难道非要等蚀本亏尽才可打折不成？

另有一种怪论，说不准打折的原因是目前图书市场太混乱。本人愚钝，思来想去也不知论者所说的"混乱"所指何物，是销售渠道太多还是书价打折？倘指前者，即多渠道经销就是"混乱"，那么"混乱"的岂止图书市场？想想吧，当下国内还有多少商品是独家经销的呢？若多家经销就是混乱，国内市场岂不一片混乱？若指后者，是因为打折引发了市场混乱，这纯属信口雌黄、混淆视听。假如你去买汽车，经销商标价20万元，双方讨价还价后18万元（按九折）卖给你，你会认为市场混乱吗？绝对不会！

由此可见，说图书是特殊商品不能打折的理由不成立，而打折会引发市场混乱的说法也不可信。不过最近还有一种观点，说新书不限折出版社会抬高定价，这样对消费者更不利。比如现在 20 元你可买一本书，若出版社抬高定价为 50 元，即使打对折你也得花 25 元。是这样吗？当然不是。说过了，图书市价并不由出版社说了算，它同时要受需求约束。如果书价过高，打对折消费者也不买，结果只一个，那就是正版书无人问津而盗版书大行其道。请问出版社怎会做这种傻事呢？

我反复想过，新书限折的受益者不是读者，不是出版社，甚至也不是所有经销商。出版社将书按一定折扣卖给经销商，之后经销商怎么卖无关出版社利害，它没必要反对打折。而网络经销商与私人书店在商言商，何时打折取决于市场需求，故也不会反对打折。由此看，真正反对打折的只有国有书店，由于负担重，经营成本高，新书打折国有店肯定比不过网店与私人店，这才是问题的症结所在。

就这么肯定吗？是的，就这么肯定。

社会热点冷议

8

社会集资并非洪水猛兽

去年"湘西集资案"东窗事发，湖南境内一时闹得满城风雨，政府手忙脚乱折腾了差不多一年，到今天才总算尘埃落定。上周我在吉首，听说那里不少老板被捉，也有不少平民蚀了本，为息事宁人，省财政还贴了 30 亿元。痛定思痛，这中间确实有教训要总结，更何况当下搞社会集资并不止湘西一地，全国其他不少地方也有。问题既然有普遍性，那么从体制上作点反思该不算多余吧！

为避免误会，有一点要先指出，政府将湘西这次"集资行为"定为"非法"，我无异议，且完全赞成。理由简单，荣昌、三馆、福大、伟业、金浩等多家公司在向民间集资前，既没有依程序报批，更未获监管当局的许可，纯属胆大妄为，是胡来。不过即便如此，我脑子里却有个疑问，即湘西出这么大的乱子，我们的融资体制是否也值得检讨呢？并且我还担心，这回湘西出事后决策层会不会因噎废食，从此将社会集资一棍子打死。

　　不必隐瞒自己的看法，若是就事论事，我认为企业向社会公开借钱本身并无不妥。就我所知，在西方国家企业发债早已有之，而且司空见惯。所不同的是他们有法可依，大家都照规矩办。可在我国，企业发债被绝对禁止，不要说企业，就连地方政府发债也得由中央财政代劳。如此一来，企业不发债当然也用不着立法。而难题在于，政府不让企业发债，不等于企业不缺钱，企业缺钱若又告贷无门，则非法融资想堵也堵不住。

　　有个问题我一直没想通，就是政府为何不让企业发债？我揣摩，政府的顾虑也许是怕企业捅娄子。不错，前些年是有企业发债给政府惹了祸，但这并不说明发债这种融资形式不可取。设想一下，假如我们当初有相关的法律，加上政府监管到位，企业能闹出那么大的乱子吗？所以我认为对社会集资不能一味地封杀，重点应当"疏"而不是"堵"。明知堵不住，就不如网开一面，让企业依法公开操作。只要公开了，政府反而好监管。

　　有人也许会问，企业既然可选择上市或向银行贷款，那何必一定要发债呢？这样岂不多此一举？是的，经济学有个"M－M"定理。该定理说，"在无摩擦的市场环境下，企业以负债筹资还是以权益资本筹资皆不影响企业市值"。说通俗点，意思是企业若无破产风险，资本市场完善而交易成本为零，发行股票与发行债券对企业的效果一致。"M－M"定理当然没有错，可问题是，该定理的约束条件真实世界里根本达不到，企业不仅有破产风险，而且融资的交易成本也往往非常高。

　　让我举例说吧。中国证券市场开放之初，当时上市企业为何大多都是大型国企？门槛高是原因之一，可是能达到这个门槛的企业为数并不少，为何偏偏是它们捷足先登呢？若说是机缘巧合，我不信。思前想后，我认为背后重要的因素恐怕还是交易成本。听说当年一家公司上市，光打通关节的费用就得上千万元。请问这不是交易成本是什么？想想看，倘若一个企业不肯花钱，或者肯花钱而无实力，它能得到上市的机会吗？

另一个例子是银行贷款。这些年中央反复说，银行要为中小企业提供贷款支持。可事实呢？中小企业却一直少有人问津。所以如此，原因也是交易成本。从银行方面看，发放一笔贷款的审贷流程与监督费用大抵相同，假如大企业贷1亿元，而小企业只贷200万元，这样每百万元贷款的平均交易成本，小企业是大企业的50倍，你说银行会贷款给谁？有人指责银行嫌贫爱富，可银行在商言商，它怎能不计较成本？若从企业角度看，大企业还好说，财大气粗会有银行送贷上门，而那些中小企业则不同，为贷款要四处烧香拜佛，交易成本能不高吗？

行文至此，相信读者已经明白，企业选择社会集资不过是为了节省交易成本。是的，由于有交易成本存在，一般企业特别是中小企业，不仅上市无望，就是贷款也难于登天。可企业要发展缺少资金怎么办？被逼无奈，所以才有人铤而走险转从民间融资。这次在湘西考察，我听到过不少当地企业家创业的故事。比如福大公司，曾因开发老吉首市和八月楼宾馆享誉湘西，而三馆公司也因建造吉首体育馆、图书馆而名动一时。只可惜，由于参与非法集资，这两家企业现均已陷入绝境。

我这样说，绝不是为湘西企业家开脱。我想说的是，假若当初国家允许企业公开发债，而且又有法律管束，那么局面也许不会像后来那样糟糕。可以算笔账，以湘西为例，起初荣昌、三馆等房地产公司集资时月息不过 1.5% ~3%。虽比银行利率高，但以公司赢利还本付息当不成问题。因为当地房地产成本每平米 800 元，而市场楼价为 1600 元。问题是后来出现恶性竞争，月息升至 10% 却无人干预，政府也未向公众披露有关风险信息，于是愈演愈烈，最后才闹到难以收拾的地步。

遗憾的是历史不能假设，木已成舟，后悔药没处买。然而亡羊补牢，从湘西集资案中我认为至少可以吸取三点教训。第一，企业发债并非洪水猛兽，不必谈虎色变，政府与其"堵"还不如"疏"；第二，为防止企业发债一哄而起，当务之急是要抓紧立法，否则没有规矩，免不了有人会从中浑水摸鱼；第三，监管当局应担负起风险预警的责任，对营私舞弊或渎职者一律从严惩处。

当然不止上面这些，但此三点最要紧。假若政府一时还无更好的招数，那就不妨先按这个办法试试！

气候问题的经济学视角

哥本哈根国际气候大会上月落幕，曲终人散，遗憾多多。不过我对这次会议的期望不高，结果也在意料中，故而失望不算大。这样说，并非我有先知先觉，而是此结果实在容易推断出。想想吧，每个国家都有自己的利益，而参会代表各为其主，利益不同，坐在一起怎免得了唇枪舌战？争论本来没什么，无所谓。可问题是大家都是当事人，谁也没有足够的权威站出来主持公道，相持不下，结果当然可想而知了。

坦率地讲，对"气候何以变暖"我所知不多，应是高深的学问吧！前几天国家环保总局一位专家在中央党校讲"气候"，慕名而去，可谁知人家上说天文，下说地理，名词术语多而专，闻所未闻，听得我如堕云雾，似懂非懂。不过有一点我倒清楚，气候变暖原因虽多，但主要还是二氧化碳等温室气体的排放所致。若想遏制气候变暖，人类必须自律，尽量减少碳排放，否则后果将不堪设想。

据专家说，气候变暖，不仅会使海平面上升，而且会令降雨、降雪的数量和样式发生改变。而这些变动又会引起连锁反应，使极端天气事件更强更频繁。譬如洪水、旱灾、热浪、飓风等等。除此之外，还有其他后果，包括更高或更低的农业产量、冰河撤退、夏天河流流量减少、物种消失以及疾病肆虐等。由此看来，气候变暖是地球的灾难，人类当联手应对才是。可让人不解的是，灾难当前人类怎会如此不理智呢？

其实，这就是经济学说的典型的"公地悲剧"。照理，地球是人类共同的家园，保持生态和谐乃各国共同的职责，义不容辞。然而问题就在这里，既然地球是大家的地球，而一国所追求的则是本国利益最大化，只要工业能发展，国家能富裕，往往会对碳排放听之任之。而所以会如此，原因简单，因为碳排放的后果并非由排放国独自承担，而是全人类一起买单。

于是这就引出了经济学的两个重要概念，即私人成本与社会成本。为便于理解，我举一家工厂的例子来说。假如某炼钢厂预算的年经营成本为5亿元，而可收益6亿元，对企业来说，利润率是20%。有利可图，那么该项目就有可能上马投资。但要提点的是，企业所谓的经营成本，实际只是内部的"私人成本"，炼钢污染（碳排放）给社会造成的损失（即社会成本）并未计算在内，若社会成本是2亿元，这样两项成本加在一起看，该项目则得不偿失。

是的，这正是经济"负外部性"带来的困扰。一家工厂如此，一个国家也如此。对解决"负外部性"问题，经济学早期的设想是"庇古方案"，即由政府向钢厂征税（2亿元），然后再补偿给受害者。这样处理，当然能使私人成本与社会成本一致，也公平，但论效率却未必可取。第一，政府事先不对"碳排"设限而事后征税，说穿了是先污染后治理；第二，从成本看，若政府先限定排放标准，企业也许花 1 亿元改造生产工艺就能达标，这样，也就用不着交 2 亿元的税。

事实上，所谓"污染问题"，在我看来实质就是产权界定问题。说明白些，只要政府明确界定企业是否具有碳排权，污染就不难解决。这方面，科斯教授的研究应对我们有所启发。科斯定理说，只要交易成本为零，产权界定清晰，产权分配就不影响经济的效率。也就是说，若交易成本为零，产权界定重要，但产权给谁不重要；反之，若交易成本不为零，产权界定重要，产权给谁也重要。推论是，产权界定应以交易费用为依归。

还是举例说吧。某钢厂每天冒黑烟，令附近 5 户居民晒衣服受到了影响。若每户因此损失 75 元，5 户共损失 375 元。假定现在有两个方案解决这个问题：一是每户准备一台 50 元的烘干机，总费用为 250 元；二是在工厂安除尘器，费用为 150 元。两相比较，显然安除尘器合算。问题是怎样才能让人选择此方案呢？科斯说关键在产权界定。比如，如果政府明确钢厂有冒烟权，那么居民会出资给工厂安除尘器；若政府说居民有不受污染的权利，则工厂自己会安除尘器，否则买烘干机成本会更高。

当然，以上是假设交易费用为零的情形。若交易费用不为零，产权界定给谁就变得敏感了。我观察过，但凡工厂排烟给居民造成污染的，此时若把产权界定给工厂，居民通常就会寻衅滋事。多年前我在襄樊曾目睹过居民围堵某化纤厂，原因是工厂排烟，邻近居民生病认为是工厂排烟的缘故，因而要求给报销医药费。当地政府多次协调，交易成本奇高，可结果还是麻烦不断。于是我想，要是当初政府把产权界定给居民，让工厂自行解决污染，纠纷也许就不会发生。

写到这里，让我们再来讨论地球变暖问题。哥本哈根会议最后不了了之，依我看，关键的原因是忽视了碳排权（产权）的界定。换句话说，是各国政府没有首先就是否限制"碳排权"达成一致意见。若大家有一致立场，都同意限制碳排放，并把地球可接受的碳排量按比例（比如按人口或国土面积）分配给各个国家（地区），跟下来的问题则将迎刃而解。

我想到的有两招：第一，增量调剂。即今后所有碳排超标的国家都必须先从"市场"买到排放指标，否则没有指标就不得再继续排放。第二，存量补偿。意思是，发达国家在工业化过程中已经排放了大量的二氧化碳，他们应该对此承担补偿的责任。这里有个误会要澄清。欠发达国家要求发达国家予以资金与技术支持，有人以为是让发达国家提供援助，其实不然，这不是援助而是补偿。损坏东西要赔天经地义。若这样看，发达国家有理由拒绝吗？

从"一价定律"看汇率决定

　　关于人民币对美元的汇价，中美两国这些年一直有争议。美方认为人民币币值严重被低估，于是指责中国政府干预了汇率；而中方则针锋相对，表示绝不会受外界压力而让步。两国政府的立场世人皆知，不多说。这里要说的是国内学界，有人主张人民币应升值，并上纲上线，批评政府压制升值是贱卖中国；而另一种观点相反，力主稳住汇率，认为人民币若大幅升值中国会有沉重的代价。

　　从不隐讳我自己的看法，曾写过文章，也曾在多个场合直陈己见。我的观点，目前人民币币值宜守不宜升，至少不应大幅度升。我不同意说稳定人民币汇率就是贱卖中国。汇率问题复杂，并非贱卖贵卖那样简单。如果说中国贱卖商品不妥，那么美国让人民币升值是何道理？将心比心，作为消费者，谁都希望买到的商品物美价廉。可人民币升值后，中国商品在美国市场必涨价。美国政府明知如此，可为何还要逼人民币升值而让消费者多付钱呢？美国人不傻，醉翁之意不在酒，背后原因我不说读者也知道吧。

年初奥巴马总统说，美国要做世界上第一出口大国。美国要不要做第一是他们的事，旁人不用管，也管不着。但有一点要指出，美国想通过逼人民币升值来压制中国的出口，当然对中国不利，但这对美国未必就有好处。原因简单，东南亚国家的劳工成本比中国还低，相比起来，美国的劳工成本却明显要高出很多。这样，美国即便限制了中国产品的进口，但东南亚其他国家的产品照样会销往美国。看来美国此举的确是损人不利己，不明智。

问题在于，中美汇率之争远未结束，今后还会争下去。为避免各执一词，我们不妨先回到理论层面，看看汇率到底该怎样定。其实，一战以前，汇率确定并不像现在这么麻烦。当时，各国货币都规定黄金含量，持有货币可以自由兑换黄金。两国货币的汇率，就是货币的含金量之比，叫做铸币平价。比如，1英镑含黄金113.0格令，1美元含黄金23.3格令，两国货币的铸币平价就是4.9，因而英镑对美元的汇率就是1∶4.9。当然受市场行情的影响，汇率也会有所波动，但由于有黄金作保证，汇率波动的幅度很小，故那时候的汇率称为固定汇率。

一战期间，各国为应付军费开支，大量发行纸币，纸币含金量没法保证，也就不能兑换黄金，铸币平价随之瓦解。待战争硝烟散尽，贸易重开，如何确定汇率呢？1922年，瑞典学者卡塞尔出版了《1914年以后的货币和外汇》一书，提出购买力平价说，认为应根据各国货币的购买力来确定它们之间的汇率。

此说一出，备受推崇，各国政府按图索骥，重打锣鼓另开戏，纷纷重定汇率。

我们知道，经济理论大都有假设前提，而购买力平价说的前提是两国之间贸易自由。商品、劳务交流不受关税、配额限制，即便有限制，双方外贸政策对等，没有相互歧视。同时，假设两国商品的运输成本也大致相同。依据以上前提，于是卡塞尔的推论是，同样货物无论在哪里销售，其价格必然相等。也可以这么理解，若世界上只有一种货币，那么在任何地方购买同质的商品，花费都应该一样。此推论被称为"一价定律"。

当然，各国货币不可能相同，不过由"一价定律"可推出的含义是，两种货币的汇率，等于它们的购买力之比。比如一个同样的汉堡包，在美国卖1美元，而在日本卖150日元，那么就可认为，1美元相当于150日元的购买力，美元对日元的汇率是1∶150。如果一国的货币购买力下降，商品的国内价格上升，该货币就会对外等比例贬值；反之，购买力上升，货币则会相应升值。还是上面的例子，如果由于某种原因，汉堡包在日本售价上升为200日元，在美国仍卖1美元，那么日元贬值，美元对日元的汇率变为1∶200；反之，如果美国的汉堡包售价上涨到1.5美元，在日本仍为150日元，就说明日元升值，美元对日元的汇率变为1∶100。

以上推论，讲的是某一时点两国价格水平与汇率的关系，称为绝对购买力平价。与此对应，卡塞尔还提出了相对购买力平价。他认为，在一段较长时间里，两种货币汇率变化的百分比，刚好等于两国国内价格水平变化的百分比之差。比如英国物价一年上涨10%，而美国物价只上涨5%，那么，根据相对购买力平价，英镑对美元会贬值5%。汇率变动刚好抵消英国通胀超过美国的五个百分点。这是说，汇率的涨跌，不能由哪国政府凭空决断，而应充分考虑物价水平的变化，而且与同期两国物价水平的相对变动成反比。

明白了以上道理，让我们再来说中美汇率。首先，我选1998年的汇率做基期，为什么？因为当时亚洲发生了金融危机，周边国家货币纷纷贬值，唯有人民币一枝独秀，没贬值。不是不可以贬，而是中国作为一个大国，希望在亚太地区经济稳定中有所担当。所以当年朱镕基总理承诺，人民币三年不贬值，三年以后也不贬值。中国政府说到做到，没有食言，国际社会一片叫好。基于此，本文有理由把1998年的汇率作为基期汇率。

设若如此，那么1998年人民币对美元的汇价是多少呢？官方的数据是1∶8.27。再看另一组数据，即中美两国的消费物价：2004～2009年，中国的CPI分别是3.9%、1.8%、1.5%、4.8%、5.9%、-0.7%，而同期美国的CPI则为2.7%、3.4%、3.2%、2.8%、3.8%、-0.4%。虽两国CPI统计口径有别，不完全可比，但整体趋势，中国消费物价指数要高过美国。这是说，从"一价定律"看，人民币不应升值，可近几年美元对人民币却在不断单边贬值，2006年是1∶7.9，而最近已贬到1∶6.94。奇怪的是，美国目前还得寸进尺，要求人民币继续升值。何以如此？美国除了翻来覆去强调存在的贸易逆差外，我看再也说不出别的什么理由来吧。

民主的局限

对"政治"二字，孙中山曾作过这样的解释："政是众人的事，治就是管理，管理众人的事，便是政治。"在中国历史上，既有"贞观之治"那样的善政，也不乏"暴秦无道"之类的恶政。其实，善政也好，恶政也罢，封建社会所实行的，都是"家天下"的政治制度。皇帝称孤道寡，说一不二，连朝廷重臣，都伴君如伴虎，普通百姓的民权，就更是无从谈起。

比起封建专制，民主政治是历史的进步。站在经济学的角度看，市场经济下的政府，是一种制度安排。这种制度之所以产生，是因为人们需要政府提供公共服务。可现实生活中，政府却并不总是心系天下，大义为公。经济学家布坎南就曾指出：政府是一个抽象概念，任何一个政府，最终都是由人组成的。政府官员，虽然天职为民，但他们也是肉体凡身，也吃五谷杂粮，有七情六欲。问题在于，当官员的"私利"与老百姓的

"公利"拧不到一起时，政府难免会背离公众意愿，出现所谓"政府失灵"。

政府一旦失灵，校正的办法是民主。凡事皆由民做主，让老百姓说了算，政府失灵就无从发生。所以，在这个意义上，全民公决通常被认为是民主的最好形式。比如，直布罗陀位于西班牙南部海岸，因地缘关系，与西班牙往来频繁，可从隶属上看，却是英属殖民地。2002年11月，该地区举行全民公决，确定主权归属。2003年6月，波兰也进行了全民公决，决定是否加入欧盟。这样的大事，关系国家和民族的根本利益，实行全民公决，未尝不是一个好的方式。但是，如果把全民公决普遍运用到政治生活中，则不仅不能为公众带来福祉，反而可能事与愿违，把事情办糟。

现代经济学说，民主并非万能，也有缺失。阿罗悖论是一例，经济学者耳熟能详，不细解释。值得说的有两点：第一，由于人的利益偏好千差万别，若不分轻重缓急，动不动就全民公决，很多事情会议而不决，长期搁置。第二，真理有时掌握在少数人手里。改革总设计师邓小平提出了一系列改革思路，言前人所不曾言，为前人所不曾为。起初并不为世人所理解，但正是由于坚持"不争论"，大胆地试，大胆地闯，才有了今天的局面。

是的，集中和民主，两者各有利弊。如果结合得好，可以取长补短，并行不悖，既能保证政府高效，又能顺应民意。不然顾此失彼，都会祸害事业，后患无穷。要处置好民主与集中的关系，我的看法，关键是把住三条：选人要民主，决策要集中，监督要到位。

举一个县为例。若把一个县比作一家股份公司，那么这个县的公民，都是"公司"的股东，县人大好比股份公司的董事会，而经理可以看做是政府。我们知道，股份公司作决策，轻易是不召开股东大会的，因为股东大会如同全民公决，虽然有至高无上的权力，但是召集开会，不仅成本高，而且协商的难度也大。通常的做法，由股东选出董事，由董事会聘任经理，然后公司的大小事务，都由董事会与经理代为决策。在这里，民主权利就体现在股东的选票上。

同样的道理，对一个县来说，全县每一个公民，民主权利也要通过选举来体现。如公民推选人民代表，人民代表选举县长，这个过程，要充分发扬民主。只有通过民主，才有可能把有能力、有声望、能代表群众利益的人选到领导岗位上来。这就是前面所说的，选人要民主。

所谓决策要集中，是指县长一经人代会选出，那么决策权就要相对集中。正如股份公司的决策，除了重大问题须经股东大会讨论外，日常决策，则是由董事会和经理说了算。这样做，可以避免烦琐的协调，缩短决策时间。一个企业的决策是这样，那么一个县、一个市乃至一个省也应如此。就是说，在具体决策中，民主要相对淡出，集中要逐渐凸显。否则，本该由董事会、经理决策的，却交由股东大会去讨论，企业可能坐失商机。而本该由政府决定的事情，却去搞全民公决，结果也会劳民伤财，久拖不决，给经济和社会造成损失。

站在经济学立场看，公众与政府，就像企业所有者与经营者，它们之间是一种"委托—代理"关系。政府官员受公众委托，大权在握，若没有监督，难免有人会为一己之私恣意妄为。

在《西游记》中，孙悟空被戴上了紧箍咒，才会收敛一身劣性，乖乖跟唐僧去西天取经。在公司制企业里，所有者为了看住经营者，建立了一套法人治理结构。同理，在民主政治体系里，社会公众作为委托人，对代理人政府不仅应有监督的权利，而且对不称职的官员还应有权予以弹劾、罢免。只有让老百姓有了弹劾、罢免权，官员才不敢滥用职权，胡乱决策。

以上三条重要，若能做好，民主集中则可各司其职，相得益彰。不过看现实，却美中不足。不少情况，选人民主不够，上面画圈子，下面走形式，民意没得到充分体现与尊重；而在决策方面，又集中不足，推诿扯皮、悬而不决的事时有发生。所以要贯彻民主集中制，必须桥归桥，路归路，重新界定民主与集中的职责范围。选人靠"民主"，决策靠"集中"，监督靠"公众"。唯有如此，民主集中制才能威力无穷。

"国进民退"是危言耸听

前不久在一家央企作讲座，有人问我对"国进民退"怎么看，听到提问我很吃惊，一头雾水。曾怀疑是自己孤陋寡闻，但细想不应该。在中央党校任教，近水楼台，假若是中央精神我怎会没听说？加上常年往各地跑，倘真有这回事也不可能一点不知情。相反我所接触到的地方官员，关心的大多还是中小企业，至少还未见有哪级政府是主张打压民企的。

我虽这么看，然而无风不起浪。"国进民退"今天如此受关注，相信也不全是空穴来风。何以如此？我想这大概与最近山西煤企重组、山钢收购日钢、中粮入股蒙牛等事件有关。这几起并购案经媒体报道后，有人推波助澜在网上热炒，给人感觉，似乎国企正在攻城略地，大有取代民企之势。于是有人批评此举是改革的倒退，但也有人说是对改革的纠偏。

对某件事大家有不同看法，很正常，应允许百家争鸣。但争鸣归争鸣，前提是首先得弄清事实。有两个重点：第一，当下国企收购民企是不是很普遍？第二，收购行为背后是否有政治背景？若既不普遍也无政治背景，说是"国进民退"就未免牵强，也有危言耸听之嫌。说我的观察，首先，目前国企并购民企只是个案而非普遍现象；其次，虽然背后有政府推动，但绝无政治背景。

山西的情况也许要特别些，就先说山西吧。我4月份曾赴同煤集团调研，后来也与省委张宝顺书记交流过。不错，这次煤企整合确实是由政府发动，但我却看不出这样做有何不妥，更看不出省委有何政治意图。众所周知，这些年山西矿难不断，原因之一是煤企太多，大大小小2000多家，防不胜防，不整合怎么管？而既然要整合，当然是以大并小；否则换了是你，你有办法以小并大吗？

其实，山西煤企整合并不是让民企退出。最近山西省煤炭厅公布的一组数据就是明证。该数据说，全省煤企完成整合后保留的1053处矿井中，国企办矿198处，约占19%；民企办矿294处，约占28%；股份制办矿561处，约占53%。由此可见，民资三分天下的格局并未变。退一步，即使民资减少一点也无可厚非。煤炭业本是资源性产业，而政府推动重组是出于生产安全考虑而非政治考虑。

至于山钢收购日钢，我认为是纯市场行为，不值得大惊小怪。人们今天之所以有诸多非议，从媒体评论看，大家担心的是国企挤压了民企。然而据我所知，这两家企业联姻完全出于自愿，并不存在谁逼谁。而真实的原因，则是日钢之前囤聚了大量铁矿石，可去年金融危机爆发价格大跌，企业遭受灭顶之灾。大祸临头,日钢怎能坐以待毙?而此时政府为保就业有意促山钢援手,日钢求之不得,你情我愿,于是一拍即合。

中粮入股蒙牛的情形也如是。蒙牛在国内大名鼎鼎,可不承想去年"三聚氰胺"事件后元气大伤。不仅财务出现了巨亏,而且祸不单行,由于前些年过度扩张而今年现金流又突然断裂。正因为蒙牛陷入绝境而求援无门,中粮这才联手厚朴基金以61亿港元收购蒙牛20.03%的股权。显然,中粮是雪中送炭,而蒙牛也得以峰回路转。照理,这件事无论怎么说中粮都不应遭到指责,就算是"国进民退",那也总比见死不救强吧!

不必再举例。这里我想强调的是,讨论经济问题不应政治化,更不应捕风捉影。是的,中央是说过要缩短国有经济战线,但同时也说过要"有进有退"。我体会中央的意思,并不是国企绝对不能收购民企。而且站在经济的角度看,无论民企收购国企还是国企收购民企,只要不是强买强卖,就都是公平交易。何况民企老板不傻,股权卖给谁他会算账,只要人家最终决定卖,旁人是不必说三道四的。

学界还有一种看法,说这次国企所以能收购民企是因为政策环境对民企不利,大银行不肯给民企贷款,而国家又限制了小银行的发展,这样民企与国企是不平等竞争。听起来,这似乎有几分道理,但其实未必。事实上,并非所有的民企都贷款难,而国企贷不到款的现象也多得是。非比从前,今天国有银行已经改制,作为商业性银行,放不放贷人家有规矩,在商言商,它怎会管你姓公姓私呢?

鼓励发展小银行是对的,我赞成。但我却不同意小银行就一定会给小企业贷款的说法。要知道,银行的天性是嫌贫爱富,它不仅要追求贷款安全，而且追求赢利，银行再小，天性改不了，不可能乐善好施。最简单的道理，假如你是行长，一家大企业与一家小企业同时向你借钱，大企业有资产抵押而小企业没有，请问你会借钱给谁？可见，指望小银行解决小企业贷款难的想法太天真，不足为信。

最后再说"国进民退"。我一贯的观点，国企应逐步从一般竞争领域退出，这是方向，不容置疑。但对特殊情况下的国企收购，我认为也不能见风是雨，要具体问题具体分析。若以偏赅全、笼而统之地说"国进民退"，误导视听是一方面，而且还会授人以柄。眼下有人正想以此大做文章否定改革，我们应保持一份清醒才对。

丽江空气该收费吗

　　去年赴丽江调研，一天夜晚得闲，便与几位同行一起去听纳西古乐。纳西古乐我不懂，但对宣科先生的名气早有耳闻，慕名而去，当然结果也不虚此行。那晚不仅乐队演奏得好，宣科的主持更是别具一格。他操淡淡的滇西口音，谈古说今，风趣诙谐，不时令全场捧腹。而给我印象最深的是，宣科先生说丽江空气清新，应让我们这些外来客每人缴一元空气呼吸费。说者无心，听者有意。他的一番调侃，当即让我想到生态补偿那方面去。

　　丽江作为历史文化名城，常年游人如织，靠旅游就赚得盆满钵满，自然不会在乎再多收一元钱。也许正因如此，当地政府对宣科先生的建议未加重视。不过不收归不收，但不等于丽江就不该收，两回事。不妨设想一下，假如丽江财政很差钱，政府硬要向游客收费，你有理由反对吗？俗话说，天下无免费的午餐。你享用了人家优质的空气，让你支付一元钱不多吧？何况丽江要保持这样的空气质量也有代价，比如放弃上重化工业就是他们的机会成本。

先不说丽江，若转从广大西部地区看，生态补偿会显得更紧迫。几年前我应邀赴陕西汉中讲学，那里自古乃兵家必争之地，山川秀美，物产丰富。可遗憾的是，汉中今天的经济却不尽如人意。何以如此？当地官员说，汉中被国家划定为"限发展地区"。为保护生态，很多工业项目不许上，看着人家赚钱，可他们却束手无策。是的，汉中不比丽江，旅游未兴，虽说也是山清水秀，可没有赢利模式，环境再好老百姓也得受穷。为官一任，造福一方。当地官员所承受的压力可想而知。

另一个例子是山西。山西是资源大省，盛产煤。若论对国家工业化的贡献，这些年山西当记头功。可就是这个地方，由于资源的过度开采，近年不仅矿难频仍，且生态环境也每况愈下。为恢复生态，省委提出要转型发展、安全发展、和谐发展。转型发展当然对，也迫在眉睫。问题是产业转型不能空手套狼，要有大笔的投资才行。比如山西的文化旅游，据说地上文物在全国占比极高，可见潜力之大。可由于地方财政拮据，基础设施差，旅游业至今难成气候。

这样的例子西部很多，举不胜举。不过我认为以上两例皆典型，而且也有代表性。汉中是国家为保护生态限制了发展，山西则是为国家提供能源而损害了生态，而且能源过去多年都是计划调拨。由此看，无论汉中还是山西，他们都有理由要求国家补偿。所不同的是，前者是弥补发展的机会成本，后者则属于还账。欠账还钱，国家对资源性地区补偿理所应当，不必说。事实上，中央财政这些年也一直对山西有支持。眼前要研究的是，国家对像"汉中"这类限发展地区怎样补？

说过了，国家限制某地上重化工，若从经济学角度看，发展重化工的收益就是该地区保护生态的机会成本。国家给补偿，说到底，不过是为了减低其生态保护的成本。显然，补偿对限发展地区来说是好事，且多多益善。可困难在于，目前中央财政并不宽裕，家大业大而又千头万绪，要花钱的地方多，单靠中央给钱恐怕力不从心。于是几年前就有专家建议将工业排放指标分解到地方，允许各地上市拍卖，那些排放超标的工业发达地区，就得向西部买指标，这样可由市场再提供一些补偿。

市场补偿的思路我赞成。是的，由财政与市场同时补，双管齐下，多一份力量总比财政一家独补强。但要提点的是，不论是财政补还是市场补，我认为不能是单单给钱。俗话说，授人以鱼不如授人以渔，与其补贴吃饭，倒不如帮助发展赚钱的产业。否则一个地方要是没有产业，不能以钱生钱，补贴再多也会坐吃山空，至少我们还未见有哪个地区是靠吃补贴而致富的。可麻烦在于，限发展地区受政策限制，很多产业又上不了。两难选择，出路何在？

要解决此难题，我想到了两个办法。第一个办法我称之为"借鸡下蛋"，操作起来也相对容易。比如发达地区向限发展地区购买工业排放指标，后者不必直接收钱，而是去占有对方的股份，然后每年按股分红取得相应的收益。比如某地区可转让的排放指标值 1000 万元，一次性转让二十年，那么就可拥有 2 亿元的工业股权。这是说，限发展地区虽不能在当地办工厂，但仍可异地投资办工业，至于投向哪类产业，限发展地区有主动权，天南地北可任你选择，你把排放指标卖给谁，你就可以拥有谁家企业的股权。

第二个办法是改税制，主要是将增值税改为消费税。时下各地争先恐后上项目，为什么？说白了其实就是争税收。增值税是属地征税，作为中央与地方共享税，其中有 25% 留给地方。如此一来，哪里的项目上得多，税收也就多，这样无疑对限发展地区不公平。我曾多次写文章，建议将增值税改为消费税。因为消费税是在消费地纳税，这不仅可避免大家为争税而重复上项目，而且也维护了限发展地区的利益。

回头再说丽江。上周到丽江作讲座，与古城区委书记周鸿谈起空气收费之事，他很赞成却又担心上头管理部门不会批。我说批不批倒在其次，不重要，即便不批也于丽江无损。重要的是表达出这种诉求可推动国家生态补偿机制改革，同时也可大大提高丽江的知名度。一箭双雕，何乐而不为呢！

他山之石

9

美国经济复兴的启示

1980 年，罗纳德·里根参选美国总统。尽管他声望颇高，但还是有许多选民犹豫不决。这位加州州长已年近七旬，美利坚的重担他能扛得动吗？为了打消选民顾虑，里根请医学专家为自己全面查体，并将结果公之于众。除了左耳听力因早年拍电影稍有损伤，眼睛轻度近视外，一切如常。

老里根一方面忙着为自己查体，但并没忘记给美国经济把脉。此时的美利坚身染"滞胀"沉疴，有气无力，似乎已无药可医。里根上任后，一改国家干预经济的套路，开出一组自由经济的药方，使美国经济重现生机。里根经济学，由此扬名天下。

美国经济缘何"滞胀"缠身？有人说是凯恩斯惹的祸。20世纪 30 年代，西方世界遇到空前的经济大衰退，英国经济学家凯恩斯为此提出了国家干预经济的主张。而大洋彼岸的美国总统罗斯福与凯恩斯不谋而合，开始推行"新政"，用政府这只有形之手，成功地遏止了"大萧条"。此后，国家干预走进了美国经济生活，凯恩斯学说也逐渐成为一门显学。1946 年美国颁布《就业法》，把"最大的就业、产量和购买力"作为经济发展长期目标。"财政赤字无害，适度通胀有益"，成了历届政府创造政绩的不二法门。

凯恩斯为美国经济带来了高增长，也带来了高赤字、高物价。道理很简单，要想刺激经济，政府就得加大投资，财政出了亏空，只能多发票子。到 20 世纪 70 年代尼克松执政时，通货膨胀像雪球越滚越大。无奈之下，尼克松采取了强行冻结工资、物价的办法。不料物价稍一解冻，通货膨胀更一发不可收。旧病未去又添新愁，恰在此时，国际油价狂涨，"能源危机"导致了经济停滞。在"滞胀"面前，福特、卡特总统手捧凯恩斯经典，使出浑身解数，却左支右绌，首尾难顾。刺激经济增长，会使通胀雪上加霜；抑制通胀，又导致经济萎缩。凯恩斯被"滞胀"逼进了死胡同。

世易时移，穷则思变。里根总统认为，国家对经济过度干预，限制了经济活力，是造成经济恶性循环的根本原因。出路只有一条：减少政府干预，重倡经济自由。为了对付"滞胀"，里根总统改弦易辙，高举自由经济大旗，使出了"三减一稳"四路拳法：减轻税负、缩减开支、减少政府干预、稳定货币供应量。

数十年的赤字预算，使美国政府捉襟见肘，为弥补国库空虚，传统的办法是增税。美国人对增税十分敏感，每逢新政府开张，总是"两手捂紧钱包，两眼盯住总统"。里根的《经济复兴计划》让公众松了口气。1981 年 8 月，国会通过减税法案。三年内削减所得税23%，美国企业、个人少缴所得税3500 亿美元。1986 年 8 月，国会又通过税制改革法案，将税率等级由 14 级简化为 2 级，个人所得税最高档税率由50%减至28%，公司最高税率从46%减至34%。该法案实施后，美国个人税负又减少了1200 亿美元。政府为何放着花花绿绿的钞票不收？原来总统自有高见：减税就像放水养鱼，轻税薄赋，让利于民，让企业和百姓的腰包先鼓起来，税基厚实了，税率虽降，政府的钱柜却会塞得更满。果不其然，从 1982 年年底开始，美国经济持续 25 个月高速增长，失业率从10.7%下降到 7.1%，劳动生产率上升了3%。美国国民生产总值占到了西方发达国家的47%。

政府减税，势必缩减开支。然增支容易节支难。上世纪 30 年代罗斯福首开福利保障先河，增进社会福利，便成了历届政府对公众的允诺。老百姓从中得到实惠，政治家借机捞足选票，财政却为此背上了包袱，到里根执政前，这笔开销已占财政总支出的一半以上。羊毛出在羊身上，欠账迟早得老百姓自己还。里根政府痛下决心，对福利制度大刀阔斧进行改革。削减内容林林总总，涉及家庭补助、医疗照顾、住房津贴、特殊行业拨款等方方面面。不到四年，里根政府削减福利支出5.6%，总计350 多亿美元，取消公用事业冗员 30 万人，100 多万能自食其力的人，不再享受政府救济。这些做法，虽屡遭激烈反对，却减少了财政浪费，调动了劳动积极性。

里根治理经济频频得手，还得益于他大胆放松政府管制。他深信，只有管得少，才能管得好。于是，他让副总统布什牵头，组成内阁级特别小组，专门研究如何缩减政府管制权。在里根的坚持下，联邦法规撤销了 1/3，仅此一项节省成本 150 亿美元，为纳税人省掉了 3 亿小时的填表时间。《反托拉斯法》也被新政府束之高阁，石油、天然气、航空、货运等行业可自由定价，金融机构也能从事多种经营，企业界则展开优化重组，掀起了美国有史以来最大的兼并潮。简政放权对工商业无疑是"利好"消息，社会投资热情高涨，推动经济不断走高。

经济停滞好治，通货膨胀难医。为抑制通胀，里根把"注"押在稳定货币供应上，执行"单一规则"的货币政策。中央银行确定货币投放，只盯住两个指标：经济增长速度、劳动力增长率，货币投放稳定在两个指标之内。同时，取消利率上限，吸引外资，缓解资金缺口。高利率导致高汇率，大量廉价的外国商品涌入美国市场，拉动物价走低，通胀压力迅速缓解。里根执政的前三年，通货膨胀率由两位数下降到平均 3.9%，达到十七年来的最低水平。在他第二个任期内，即使由于国际油价上扬、美元贬值，推动物价指数上升，通货膨胀率也不过 4.4%。

当然，里根治疗"滞胀"的方案并非完美无缺。有的措施彼此促进，有的则相互掣肘。比如财政支出，政府既大砍福利性开支，又拼命扩充军备，一头减一头增，旧的亏空没填上，新的赤字又出现。稳定货币供应，提高利率和汇率后，外国商品特别是日本货充斥美国市场，企业大伤元气，出口乏力，利润下降，又进一步影响了税收。巨额财政赤字、巨额外贸逆差，好像一对孪生兄弟，留给了里根的继任者。1988 年，政府财政赤字近 2000 亿美元，全国债务总额相当于生产总值的 1.8 倍，美国成为世界上欠外债最多的国家。今天的债就是明天的税，从这一点来看，高增长、低通胀是以牺牲未来为代价的。

尽管如此，里根政府毕竟把"通胀"降伏了。1989 年 1 月，当七十八岁的里根告别白宫时，美国人民对这位演员出身的老总统心怀感激，恋恋不舍。里根政府的经济政策，使美国经济出现了复兴。美国企业获得了更多的自由，他们相信只要假以时日，定能重振雄风。美国老百姓虽然少了一些免费的午餐，却不再为物价上涨寝食难安。美国日后还将为"巨额债务"付出代价，但却增强了战胜"通胀"的信心。

德国的第三条道路

　　"二战"结束后，世界形成了两大阵营：社会主义与资本主义。它们相互对峙，水火不容。在经济运行上，一个奉行市场调节，一个强调计划万能，而且彼此都坚信自己走的是阳光道，别人过的是独木桥。但联邦德国却认为，市场与计划，并没有不可逾越的鸿沟，二者可以取长补短，兼容并蓄。基于这种认识，德国人另辟蹊径，既不照搬美国的自由市场经济，也不完全复制苏联的计划模式，而是将两者加以折中，走第三条道路：社会市场经济。

　　为充当世界霸主，希特勒在"二战"期间，攻城略地，四处出击，结果害人害己，到头来四面楚歌，赔了夫人又折兵。根据1945年的波茨坦会议精神，德国被一分为二，东部由苏联管理，不久建成民主德国，西部被英、法、美控制，而后成立联邦德国。联邦德国成了欧洲的二等公民：国家负债累累，货币贬值，物价飞涨，生产能力急剧下降。当时的国民生产总值不到战前的一半，一些大城市几乎被炸成废墟。据估算，每天用10列50节车皮的火车运输，柏林市的碎瓦乱石也得运16年。许多人居无定所，四处流浪。1946年的冬天，是20世纪最寒冷的冬季，人们饥寒交迫，生活窘迫，苦不堪言。当时的人均食品供应量，只有战前的1/5。食物严重匮乏，危及国民的健康。浮肿、软骨病、肺结核，就像是一场场瘟疫，至今仍让德国人谈之色变。

　　贫困交加的人们迫切需要工作，需要食品和医药。他们渴望着经济复苏，盼望有朝一日能恢复昔日的辉煌。随着战争的失败，希特勒的战时经济管制终于走到了尽头。历经这场民族浩劫，人们反计划的情绪变得十分强烈。那么，是不是该完全放任自由，从一个极端走向另一个极端？联邦德国面临经济体制的重大抉择。时势造英雄。一直从事经济工作的艾哈德，深谙国情，顺应民心，提出了一套独具特色的方案。他认为，要增加国民财富，用武力去强占他国领土，劳民伤财不说，弄不好竹篮打水一场空，而用物美价廉的商品占领世界市场，既省时省力，又方便快捷。所以，他主张靠自由竞争来繁荣市场，靠国家干预去维护秩序。英雄所见略同，首相阿登纳与他不谋而合。于是，艾哈德很得赏识，被任命为经济部长，全权主理战后经济重建事务。艾哈德也不负众望，在任期间，凭借手中的权力，坚定地推行所谓"社会市场经济"体制。

　　联邦德国成立前，英、法、美成立了占领局，管理联邦德国的大小事务。由于战争遗患，物品供求紧张，该机构实行配给制和价格管制。但计划过多，管制过细，就如同一个个紧箍咒，抑制了人的自主性、创造力，德国人只有待在家中，等待那份可怜的配额。要让人们充分施展才华，就得减少计划与配额。1948 年 7 月，艾哈德当机立断，把数百条经济管制，如物价限制、票证配给等，通通扔进了废纸篓，同时税率也被大幅削减。此举一出，原本绝望的人们又看到了曙光。社会市场经济一个基本的准则就是允许多种所有制共生共存。私有、国有、合作所有、工会所有，都可同台竞争。于是，人们重振旗鼓，跃跃欲试，要到市场中去一显身手。

在大海中，鲨鱼是其他鱼类的天敌，要使水域中的鱼自然成长、种类丰富，养鱼人就得防着鲨鱼。同样，竞争和垄断也是冤家。1957 年 7 月，政府为保护竞争，颁布《反对限制竞争法》（即通称的《卡特尔法》），该法后来成了市场经济的"大宪章"。《卡特尔法》规定未经审批，大公司不得合并；禁止企业产销联盟，统一定价。为严格执法，国家专门成立卡特尔局。卡特尔局依法行事，铁面无私，1968 ~ 1982 年，共处理了 338 起妨碍竞争事件，每年罚款达 1000 万马克。反垄断给竞争者提供了广阔的生存空间。但是，要让优胜劣汰规律起作用，使人们提高效率、改进技术、降低成本，还得防止恶性竞争。为此，政府先后通过了《反不正当竞争法》《折扣法》《关于附加赠送物品法》《商标法》，严禁假冒伪劣、坑蒙拐骗，规定商品折扣不得超过 3%，买一送一时，二者间的价值相差不能太小。如卖汽车时可送小配件，但不能送摩托车。

社会市场经济有两只手：左手是市场，调节自由竞争；右手则是政府，完善市场秩序、保障社会公正。艾哈德打过一个比方：经济活动如同比赛，国家就像裁判，制定比赛规则，维护赛场秩序。但它严守中立，既不做教练员，也不当运动员。竞争虽可提高效率，但却不能兼顾公平，它往往导致两极分化，因效率而牺牲公平，这在西方社会司空见惯。与一般的市场经济不同，社会市场经济更富人情味，强调全体成员共享经济繁荣的成果。在社会保障上，联邦德国不惜血本，每年此项支出占国民生产总值的 1/3，其他国家望尘莫及。因此在西方国家中，它的贫富差距最小。一些宏观指标，如经济增长率、失业率、通货膨胀率，由国家掌握。在德国历史上，因战争引起的通货膨胀，让人受害不浅。政府顺应形势，提出："宁要低通胀下的适度增长，也不要高通胀下的高增长、高就业。"要实现这个目标，国家可以通过财政、货币政策来调节，但不能给企业主下硬指标、死命令。政府不是"太上皇"，它也得遵章守法。为此，政府和议会还修改出台上千项经济法规，建立了完备的法律体系。如《劳资协议法》就规定：工资和劳动条件必须由劳资双方自主决定。一旦这些协议成了白纸黑字，便具法律效力，在劳资谈判中，政府不得有任何倾向性。

20 世纪 50 年代，联邦德国经济飞速发展，实现了贸易顺差，国民生产总值年平均增长 7.5%，远高于美国的 2.2%、英国的 3.2%、法国的 4%，被称为增长的"黄金时期"。高增长并没有导致高通胀，70 年代，虽然西方国家的通胀率达两位数，但联邦德国仅 5% 左右。由于经济的快速增长，失业率大幅下降，人们生活水平显著提高，从"二战"时的饥寒交迫到生活富足，联邦德国仅花了二十多年时间。艾哈德就像一位艺术大师，将秩序融于自由之中，汲取二者精华，使联邦德国在战后经济重建中如鱼得水，发生了天翻地覆的变化，被誉为"世界经济史上的奇迹"。

日本泡沫经济的代价

　　17 世纪 30 年代，一些新奇的郁金香品种，在荷兰花圃问世。这些高雅脱俗而产量极低的花朵，很快成为上流社会的新贵。哪位女士的晚礼服上别一枝名贵的郁金香，便会成为舞会的亮点。天下攘攘，皆为利往。四面八方的投机客，闻风而动，预订郁金香球茎的合同，买进卖出，价格扶摇直上。可到了花农们准备播种时，原先身价百倍的合同却成了烫手的山芋。郁金香价格如水银泻地，狂跌难收，交易市场顷刻间崩溃。荷兰郁金香事件，是首例有记载的泡沫经济案例。20 世纪 80 年代，一贯精打细算的日本人，居然也头脑发热，把股票和房地产价格炒上了天，随着泡沫的破裂，日本经济增长神话也成了过眼云烟。

　　"二战"以后，日本大力发展出口主导型经济，经过二十多年的苦心经营，到 70 年代末，电器、汽车等产品大举进军海外，并横扫北美市场。美利坚朝野震动，急商应对之策。他们认为，自己的产品不敌日本货，是因为美元太过坚挺，在价格上人家占了便宜。只有调低美元汇率，才能夺回市场。在"山姆大叔"软硬兼施下，美元对日元比价连连下调，1985年年底为1：240，而到了1987年4月，便调低到1：140。这下轮到日本吃不消了，日元升值使日本出口锐减，1986年，国民生产总值同比下降2.8个百分点。

日本政府叫苦不迭，后悔当初不该上美国的当。可胳膊拧不过大腿，想把汇率调回去，对方毫不松口。看来，只剩下一条路可走——调整产业方向，发展内需型经济。1986年11月及次年2月，日本央行两次下调贴现率，鼓励银行放款，刺激新一轮投资。调低利率，放松银根，对企业来说是利好消息。不仅贷款成本降低，原来的债务包袱也一下子减轻了。各大公司积极调整战略，把老产品转移到低工资国家生产，同时引进新技术，购机器，建厂房，发展新项目，1988～1990年，日本民间设备投资年增14.1%，经济增长速度又重登上西方各国榜首。

日元升值和利率下调，不仅使企业得到更多贷款，还使资金流向发生了变化。进入70年代，日本经济一年上一个台阶，对外贸易年年出超。日元升值使外汇盈余骤然膨胀，庞大的过剩资本，急需寻找投资空间。于是，一部分资金流向海外，曼哈顿的摩天大楼、苏格兰的高尔夫球场、波恩的国宾馆、法国的葡萄酒厂等，欧美的许多公司一夜之间换上了日本招牌。还有大量的资金，便流进了日本股市。各大证券公司你方唱罢我登场，把股市炒得沸沸扬扬，股价节节攀升。企业红红火火，股市牛气冲天。相形之下，银行存款利率却低得可怜。一向谨小慎微的日本人，终于放开胆子，一拨拨加入炒股大军。1985～1989年，日本股民增加了50%，平均每5个日本人中就有1人炒股。1987年，日本股票总市值超过美国，坐上了世界头把交椅。当企业发现从股市圈钱比干实业来得容易时，大笔的企业资金也悄悄进入股市。这一时期，日本制造业的年收益竟有一半来自金融投机。

日本政府刺激内需的政策，不仅使股市一片飘红，房地产市场也变得热闹非凡。各大企业原本就已扩建了厂房，这回在股市里又狠狠赚了一笔，腰包鼓了，人手增加了，自然要考虑多盖几座写字楼，改善一下办公条件。日元一升值，美国货依靠价格优势杀进日本市场，把日本物价拉了下来。居民手头的钱"硬"了，也想换换房子享受一番。恰在此时，日本政府提出，要把东京建设成"世界都市"，并制定了《休养地法》，鼓励房地产开发。送上门的发财机会，房地产商岂能放过，他们或背靠企业，或依托银行，争先恐后干了起来。东京的土地，历来寸土寸金，这下更加炙手可热。1988年，东京商业用地价格比两年前上涨了3.5倍，日本国内平均地价也很快上涨了1倍多。日本列岛不过37万平方公里，只有美国的1/25，可到了1990年，日本土地总值却比美国的多出4倍！

股票和房地产价格双双飙升，日本的经济泡沫越吹越大。如果按汇率计算，1988年日本的GDP增长率超过36.5%，举世为之震惊。过热的经济，终于引起了政府的不安。1989年5月，日本央行连续5次大幅度提高利率，对银行资金实施管制；1991年政府出台"地价税"，土地持有者的税负加重了。紧缩的财政和货币政策，使日本经济迅速降温。1990年以后的五年间，日本全国资产损失达 800 万亿日元，接近两年 GDP 的总和。日本经济陷入战后最长的萧条期。

俗话说，冰冻三尺，非一日之寒。日本的泡沫经济，固然有其特殊的外部成因，但财政、金融体制的缺陷，对经济失控更是难辞其咎。在日本，掌管财政金融大权的大藏省，一贯独断专行，央行成了政府的"二财政"，大事一概做不了主。实行货币扩张政策初见成效后，央行本该见好就收，逐渐提高利率，紧缩通货，但经济增长的"大好形势"让政府欲罢不忍，错失抑制经济过热的良机。在企业界，政府的手也伸得很长。为了避免国内上市企业被外人收购，政府鼓励企业与银行、企业与企业之间相互持股，联手操纵股价，使外国资金徒劳无功。

按照日本的银行制度，贷款以土地为担保，地价虚涨，银行贷款便难以控制。政府把银行和企业绑到一根绳上，股价、地价暴跌，不仅使企业赔了个底朝天，银行也难逃厄运，吞下了负债累累的恶果。日本政府的另一败笔，是亲自扶持八家住宅专门公司。为了使房地产业成为新的经济增长点，政府为这些公司大开绿灯，在政策上给他们吃足了"小灶"。正是因为有政府撑腰，住宅专门公司才得以放开手脚，把房地产市场搅得天翻地覆。

泡沫经济破裂，日本财政金融体制的弊端暴露无遗，而此后日本政府对策失当，又令原本萧条的经济雪上加霜。主管国家钱柜的大藏省，不仅不吸取教训，在很长一段时间里，还打肿脸充胖子，对公众封锁银行巨额不良资产的实情，对自己一手造成的住宅专门公司亏损问题，总是讳疾忌医，迟迟不揭盖子。金融改革也是雷声大、雨点小，效果不尽如人意。在经济萧条的阴影下,日本内阁频频换班,治理经济也是东一榔头西一棒槌,乱得没了章法。住宅专门公司的亏空,本该依法清算,政府却当起冤大头,把纳税人的钱拿去填了窟窿。1997年上半年,政府刚刚推出财政紧缩政策,大幅提高消费税,当年年底又抛出特别减税措施,日本公众无所适从,干脆与政府唱起了对台戏。当新世纪的钟声敲响时,日本度过了它乐极生悲的十年。

俄罗斯"休克疗法"的教训

古人云：橘生淮南则为橘，生于淮北则为枳。其意是说，淮河南岸的橘树，一旦移植到北岸，就变成矮小的枳树，结出的果实，也变得又苦又涩。1992年，苏联解体后成立的俄罗斯联邦，从西方经济高参那里引进"休克疗法"，进行了一场激进的经济改革，希望借此跨入市场经济轨道，跻身西方发达国家之列。不料事与愿违，俄罗斯经济非但没有起色，反倒陷入了空前的经济危机。不顾国情盲目改革，俄罗斯因此付出了惨重的代价。

休克疗法本是医学术语，20世纪80年代中期，被美国经济学家萨克斯引入经济领域。当时玻利维亚爆发严重的经济危机，通货膨胀率高达24000%，经济负增长12%，民不聊生，政局动荡。萨克斯临危受聘，向该国献出锦囊妙计：放弃扩张性经济政策，紧缩货币和财政，放开物价，实行自由贸易，加快私有化步伐，充分发挥市场机制的作用。上述做法一反常规，短期内造成经济剧烈震荡，仿佛病人进入休克状态，但随着市场供求恢复平衡，经济运行也回归正常。两年后，玻利维亚的通货膨胀率降至 15%，GDP 增长 2.1%，外汇储量增加了 20 多倍。萨克斯的反危机措施大获成功，休克疗法也名扬世界。

1991 年年底，苏联解体，俄罗斯联邦独立。它拥有 1700 万平方公里领土、1.5 亿人口，继承了苏联的大部分家底。丰厚的遗产令叶利钦喜上眉梢，可穷家难当，一大堆半死不活的企业，外加 1 万亿卢布内债、1200 亿美元外债，也让新总统夙兴夜寐，坐卧不安。作为苏共的反对派，叶利钦认为，20 世纪 50 年代以来的改革，零打碎敲，修修补补，白白断送了苏联的前程。痛定思痛，俄罗斯要避免重蹈覆辙，重振大国雄风，不能再做小脚老太太，应该大刀阔斧，进行深刻变革。此时，年仅 35 岁的盖达尔投其所好，在萨克斯的点拨下，炮制了一套激进的经济改革方案，叶利钦"慧眼识珠"，破格将其提拔为政府总理，1992 年年初，一场以休克疗法为模板的改革，在俄罗斯联邦全面铺开。

休克疗法的重头戏，是放开物价。俄罗斯政府规定，从 1992 年 1 月 2 日起，放开 90% 的消费品价格、80% 的燃料以及生产资料价格。与此同时，取消对收入增长的限制，公职人员工资提高 90%，退休人员补助金提高到每月 900 卢布，家庭补助、失业救济金也随之水涨船高。物价放开头 3 个月，似乎立竿见影，收效明显。购物长队不见了，货架上商品琳琅满目，习惯了凭票供应排长队的俄罗斯人，仿佛看到了改革带来的实惠。可没过多久，物价像断了线的风筝扶摇直上，到 4 月份，消费品价格比上年 12 月上涨了 6.5 倍。政府原想通过国营商店平抑物价，不想黑市商贩与国营商店职工沆瀣一气，将商品转手倒卖，牟取暴利，政府的如意算盘落了空，市场秩序乱成一锅粥。由于燃料、原料价格过早放开，企业生产成本骤增，到 6 月份，工业品批发价格上涨 14 倍。如此高价令买家望而生畏，消费市场持续低迷，需求不旺反过来抑制了供给，企业纷纷压缩生产，市场供求进入了死循环。

　　放开物价后，通货膨胀如脱缰野马，一发不可收。对此，俄政府似乎早有准备，财政、货币"双紧"政策，与物价改革几乎同步出台。财政紧缩主要是开源节流、增收节支。税收优惠统统取消，所有商品一律缴纳 28% 的增值税，同时加征进口商品消费税。与增收措施配套，政府削减了公共投资、军费和办公费，将预算外基金纳入联邦预算，限制地方政府用银行贷款弥补赤字。紧缩的货币政策，包括提高央行贷款利率，建立存款准备金制度，实行贷款限额管理，以此控制货币流量，从源头上抑制通货膨胀。可是，这一次政府又失算了。由于税负过重，企业生产进一步萎缩，失业人数激增，政府不得不加大救济补贴和直接投资，财政赤字不降反升。紧缩信贷造成企业流动资金严重短缺，企业间相互拖欠，三角债日益严重。政府被迫放松银根，1992 年增发货币 1.8 万亿卢布，是 1991 年发行量的 20 倍。在印钞机的轰鸣声中，财政货币紧缩政策流产了。

　　休克疗法的第三步棋，是大规模推行私有化。在盖达尔政府看来，改革之所以险象环生，危机重重，主要在于国有企业不是市场主体，竞争机制不起作用，价格改革如同沙中建塔，一遇风吹草动，便会轰然倒塌。国有企业改革，最省事的办法莫过于私有化，企业成了个人的，岂有办不好之理？为了加快私有化进度，政府最初采取的办法是无偿赠送。经有关专家评估，俄罗斯的国有财产总值1.5万亿卢布，刚好人口是1.5亿。以前财产是大家伙的，现在分到个人，也要童叟无欺，人人有份。于是每个俄罗斯人领到一张1万卢布的私有化证券，可以凭证自由购股。可是，到私有化正式启动时，已是1992年10月，时过境迁，此时的1万卢布只够买一双高档皮鞋，无偿私有化成了天方夜谭、痴人说梦。政府此计不成，又生一计。既然送不成，那就低价卖。结果，大批国有企业落入特权阶层和暴发户手中，他们最关心的，不是企业的长远发展，而是尽快转手赢利，职工既领不到股息，又无权参与决策，做一天和尚撞天钟，生产经营无人过问，企业效益每况愈下。

俄罗斯政府义无反顾地实施休克疗法，除了想急于建功立业外，一个重要原因，是为了博得"友邦"欢心，从西方发达国家得到一些好处。俄政府大力推行贸易自由化，取消进出口商品限额，大幅度降低关税，外汇市场也迅速放开。可是，俄罗斯经济长期畸形发展，工业技术水平低、成本高，竞争力弱，根本经不起外国企业的冲击。对外贸易逆差导致外汇枯竭，1992年，俄罗斯外债总额达到748亿美元，到期应还外债206亿美元，而偿还能力只有20亿美元。俗话说，贫居闹市无人问，富在深山有远亲。原来答应提供援助的国家，此刻却袖手旁观，口惠而实不至。240亿美元一揽子贷款迟迟不到位，60亿美元稳定卢布基金更是遥遥无期。

俄罗斯把休克疗法当做灵丹妙药，本想一步到位，创造体制转轨的奇迹。可是南美小国玻利维亚的治疗方案，到了欧洲大国俄罗斯，却是药不对症。玻利维亚原来搞的就是市场经济，国有企业少，经济总量也不大，加上有西方大国帮衬，靠市场机制来熨平通胀，容易取得成功。这些条件，俄罗斯一样也不占，却偏要一口吃个胖子。政府来了个大撒把，大搞市场自发调节，满以为播下的是龙种，可到头来收获的却是跳蚤。1992年12月，盖达尔政府解散，俄罗斯的休克疗法也随即宣告失败。

法国的农业现代化之路

据说 1871 年普法战争结束时，普鲁士首相俾斯麦问一名法军战俘，仗打完了想干什么？战俘回答："赶紧回家种地去。"俾斯麦不禁慨叹："拿破仑三世有这么好的子民，何苦还要发动战争！"的确，法国农民以吃苦耐劳著称于世，他们起早贪黑，不辞劳苦，精耕细作，可就是如此，法国的"吃饭"问题却长期是一个老大难。直到"二战"前，还是农产品净进口国。战争结束后，政府采取优先发展农业的政策，仅用二十多年时间，就实现了农业现代化。到 1972 年，法国已成为仅次于美国的农产品出口大国。

近代法国农业曾有过短暂的辉煌。大革命时期，政府于1793 年颁布法令，把土地分成小块，卖给农民。地成了自家的，农民种田当然卖力，粮食产量也噌噌往上涨。可过了些日子，农业便徘徊不前。原因很简单，农村人口多，土地零碎，大农机使不上劲，新科技也施展不开。农民为了"温饱"，穿衣种棉，养牛耕田，喂猪过年。就这样，法国的小农经济搞了一百多年。人们日出而作，日落而息，生活境况并没有多大改善。

法国搞农业现代化，最突出的矛盾是人多地少。20世纪50年代中期，政府出台一系列措施，推动"土地集中"，实现规模经营。为转移农村富余劳动力，政府实行了"减"法：年龄在55岁以上的农民，国家负责养起来，一次性发放"离农终身补贴"；鼓励农村年轻人离土离乡，到国营企业做工；其他青壮年劳力，政府出钱办班，先培训，再务农。与减少农业人口的做法相反，考虑农地经营规模，政府用的是"加"法：规定农场主的合法继承人只有一个，防止土地进一步分散；同时，推出税收优惠政策，鼓励父子农场、兄弟农场以土地入股，开展联合经营。各级政府还组建了土地整治公司，这是一种非营利组织，它们拥有土地优先购买权，把买进的插花地、低产田集中连片，整治成标准农场，然后再低价保本出售。此外，国家还给大农场提供低息贷款，对农民自发的土地合并减免税费，促使农场规模不断扩大。1955年，法国10公顷以下的小农场有127万个，二十年后减少到53万个，50公顷以上的大农场增加了4万多个。农业劳动力占总人口的比例，50年代初近40%，现在只有2.2%，农民平均占有农地达到10公顷以上。

在着手农地整治的同时，农业机械化也紧锣密鼓地迅速推开。在法国政府的头三个国民经济计划中，"农业装备现代化"被摆上突出位置。战后初期，国内生产资金极度匮乏，法国政府抛掉"既无内债，又无外债"的理财观念，大胆向国外借款，不惜欠一身债，先把农业机械化搞上去。农民购买农机具，不仅享受价格补贴，还能得到五年以上低息贷款，金额占自筹资金的一半以上。农用内燃机和燃料全部免税，农业用电也远比工业便宜。为保证农机质量及其方便使用，政府颁发"特许权证"，指定专门企业，在各地建立销售、服务网点。不论哪个厂家、哪一年的产品，其零部件都能随处买到。农用机械价廉物美，售后服务有保证，自然受到农民的欢迎。1955～1970年，各农场拖拉机占有量，从3万台增加到170万台，联合收割机从4900部增至10万部，其他现代化农用机械，也很快得到普及。法国只用了十五年时间，就实现了农业机械化。

传统的小农经济，一大特点是小而全，自给自足。人们务农，先要满足自家几口人的吃穿。本来只有二亩三分地，既得种粮，又想种菜，还得围栏垒圈，喂猪养牛。零七碎八的农活太多，结果啥也做不好。在政策的推动下，农场的规模扩大了，机械化提高了，政府又不失时机，做起了"专业化"文章。根据自然条件、历史习惯和技术水平的不同，对农业分布进行统一规划，合理布局。全国分成22个大农业区，其下又细分出470个小区：巴黎盆地土地肥沃，便大力种植优质小麦；西部和山区草场资源丰富，重点发展畜牧业；北部气温低，大规模种起了甜菜；按照地中海地区的传统，还扩大了葡萄种植。到上世纪70年代，法国半数以上农场搞起了专业经营，多数小农户也只生产两三种农产品。农业生产分工越来越细，效率越来越高，收益也越来越可观，法国农民人均收入达到城市中等工资收入水平。

农业是弱质产业，很多国家都采取保护政策，法国也不例外。以前政府靠提高关税、价格补贴来保护农民生产积极性，随着国际市场逐渐放开，农业再一味地靠保护，路只会越走越窄。60 年代中期以来，法国政府调整思路，把扶持农业的重点放在生产、加工和销售领域，力图通过"产业化"把农业做大做强。这方面，法国的做法有独到之处。农业宏观指导，由政府负责；产前、产中和产后服务，交给合作社去办。在法国，农业食品部和渔业部主管农业，负责产供销全程规划，其他任何部门无权插手。这样就避免了条块分割、多头指导。为了防止这两个部门位高权重，失去监督，总理专设私人办公室，定期了解基层农业情况。另外，还成立了"全法最高农业发展指导委员会"，涉农各行业都有代表参加，重要的农业政策必须由这个机构提出，然后交给议会讨论，从而实现了"农民的事情农民办"。

产生于 19 世纪中叶的合作社，在当时的法国成了农民的当家人。20 世纪 60 年代末，法国建起了 3100 个农业信贷合作社、7200 个供应和销售合作社、1.4 万个服务合作社。合作社一般按行业划分，农户可根据经营情况，同时加入几个合作社。双方每年一签约，农民只要侍弄好农活，剩下的事全交给合作社去办。年终结算时，扣除风险基金和发展储备金，其余的按入社资金、农产品收购量分给社员。如发生亏损，社员也要按对应的份额承担风险。为了鼓励合作社发展，国家出台有关政策，合作社可免交 33.3% 的公司税。当然，合作社如果违规经营，国家也有权予以取消。经过几十年发展，目前法国农户基本上都成了"社员"。农业合作社占据了农产品市场绝大多数份额，生产资料和饲料基本上由供销合作社销售，90% 以上的农场贷款业务，由信贷合作社提供。

为了扶持农业发展，法国付出了极大的努力。仅拿投资来说，"二战"后，法国实行的是"以工养农"政策。1952～1972年，农业投资增长幅度超过其他所有部门。1960～1974年，国家发放的农业贷款增长了7倍。可是对法国政府来说，这却是一个"愉快的负担"，法国的农业生产率二十年间提高了3倍，90年代中期，农产品进出口顺差240亿法郎。困扰法国一个半世纪的小农经济早已成为过去，代之而起的是领先世界的现代化农业。

加拿大的门户开放战略

1984 年，保守党候选人马尔罗尼当选为加拿大总理。与前几任总理不同，他力主贸易自由。引进外资，曾让加拿大有过切肤之痛。按理说，应该采取限制性措施。可马尔罗尼力排众议，重提门户开放。这看似有些心血来潮，其实不然，此举是他经过深思熟虑后才作出的抉择。

20 世纪 70 年代，石油价格上调，中东的石油出口国，眼见财源滚滚，眉开眼笑，而石油进口国，却因原料价格上升，经济萧条而一筹莫展。加拿大的石油公司大多都在外资手里，开采出来的石油绝大部分运往国外。所以，加拿大虽有油源，但石油仍需进口，石油危机也不能幸免。几万个经营户破产，数百万人失业，通货膨胀，生产停滞。1980 年，加拿大国民生产总值仅增长 0.1%，而消费价格指数却增长了 10.5%。为走出危机，时任总理特鲁多心生一计——把石油矿从美国人手里夺回来，变劣势为优势。不久，政府颁布《国家能源计划》，规定外国人要开采石油，得向政府提出申请，而对公司控股额小于50%的外资，则无申请权。如此高的要求，明摆着是要外资走人。外商也很识趣，一时间，数十亿美元撤离，加美关系恶化。外资的转移，对本已萧条的经济无疑是雪上加霜。经济恶化又使加元贬值，本国投资者信心不足，资金纷纷转向国外。计划实施的效果，与其初衷大相径庭。1982年，石油价格回落，此计划也就无疾而终。

一年后，世界经济开始复苏，各国都以积极的姿态参与国际贸易。国际分工、全球经济一体化，已成为世界各国的共识。在这种潮流下，谁先参与区域合作，谁就是国际市场上最早的宠儿。识时务者为俊杰。1984年，刚上台的马尔罗尼，研究了特鲁多的失败后，面对财政赤字和高失业率，提出扩大贸易、吸引外资、寻找新市场的新战略。这一构想，与当时人们主流的观念相距甚远。加拿大曾因外资比重过高，吃了不少亏：经济结构畸形，布局不合理，处处受制于人，非常被动；外贸依存度高，国际市场上一有风吹草动，到了国内就成了惊涛骇浪。一朝被蛇咬，十年怕井绳。许多人担心，对外开放的政策，会不会引狼入室，重蹈过去的覆辙。马尔罗尼则认为，在世界贸易迅猛发展的时代，要想避免国外经济的影响，无异于痴人说梦。与其闭关锁国，损人不利己，倒不如以积极的姿态与狼共舞，在国际竞争中增强实力。

为敞开国门，融入世界经济浪潮中，马尔罗尼一上台，就推进市场化运动，使本国经济环境更为宽松。一方面，他减少了国家干预，放宽了对运输、电讯、金融、银行业的管制；另一方面，政府开展了私有化运动。1984～1990 年，政府所辖的 17 家企业、5000 万加元的资产变为私有。同时，政府允许其企业参加"星球大战"计划，承担了北美警报系统的费用，这是加拿大一改闭关锁国的传统，热心参与世界贸易迈出的第一步。1985 年，政府撤销了外资审查署，代之以加拿大投资部。名字不同了，职能也今非昔比。原先要限制外资进入，现在是制定更优惠的政策，改善投资环境，吸引外商，留住外资。筑巢引得凤凰来。优惠的政策，使外资增长很快。1986 年加拿大获得净外资 16 亿加元，第二年增加到 48 亿加元。1988 年，净外资达 605 亿加元，短短两年间，增长了 36 倍。

与加拿大贸易关系最密切的，当属美国。1985 年，加拿大开始启动美加贸易谈判。由于涉及方方面面的利益，贸易谈判进展很不顺利。经过 23 轮、历时 16 个月的艰苦努力，1987 年 10 月，终于修得正果，美加政府达成协议。该协议规定，降低或取消部分商品的关税，取消配额和农产品出口补贴，减少对能源进出口的限制；制定了免税时间表，决定用十年的时间，分期分批地免除双方间的关税；对方的企业在本国能享受"国民待遇"，两国间的国境通行更为便利，美资进入加拿大金融业，会得到特殊关照。协议虽已达成，但要正式实行，还得经国会批准。1988 年，马尔罗尼再次赢得大选，他是如此说服议员的：美加市场合起来值 5 亿加元，是当今世界上最为富有的市场，加拿大的产品，尤其需要这样的市场。1989 年 1 月 1 日，美加自由贸易协定开始生效，北美自由贸易区逐步形成。

其实，加拿大人好了伤疤但并没有忘记痛。过去外资给他们造成的伤害，依然记忆犹新。因此在门户大开的同时，他们牢牢把握住"管大放小"原则。修改后的《加拿大投资法》，允许外商独立办厂。凡500万加元以下的外资，进入加拿大无须政府审查，这样使外商有了较高的自由度。但是，对于那些关系国计民生、严重影响竞争的行业，政府却严防死守，各项细则以及严格的审查程序，就像是一道防火墙。外商若想进入，往往会碰一鼻子灰，就算过五关斩六将，在投资局能侥幸通过，也可能被政府以"严重妨碍公众利益"为由，而予以否决。

当然，从总体上说，马尔罗尼执政期间，政府的管制更少，外贸更自由，经济形势也大为好转。1984～1988年，加拿大的国民生产总值，年均增长4.7%，这一速度超过了美国、日本、欧共体。1984年，财政赤字达201亿加元，到1989年便减少到20亿加元。自由贸易政策使企业家开阔了眼界，拓展了市场，提高了效率，在世界经济舞台上有了一席之地，加拿大的经济结构也随之改善。1963年，能源的出口比重为40%，到80年代末，其比重下降为20%；制造业发展很快，占比明显提高；服务业的比重大大提高，80年代末为60%。对加拿大而言，畸形的经济结构逐步得到矫正。

魁北克省原由法国控制，主要流行法语。在加拿大这个大家庭中，它就像个外人，操异地口音，有自己的性格和习惯，显得很不合群。它也感到了自己的孤立，所以很不安分，常常与政府对着干。1963年，"魁北克解放阵线"成立，动不动就声称要脱离联邦。四年后，戴高乐的访问，发表了"魁北克自由万岁"的演说，更是火上浇油。魁北克的分离倾向，是历届总理头疼的问题。然而，到20世纪80年代，随着经济的迅速增长、加拿大国际地位的提高，不知不觉中，魁北克省已经作为加拿大的一员，参与到国际贸易中去，讲法语的加拿大人和讲英语的加拿大人共同携手，并肩作战，相互间日渐融洽。在这种形势下，闹独立的人只会自讨没趣。1987 年 6 月 23 日，魁北克议会通过协议，正式承认自己是加拿大的"孩子"。马尔罗尼的门户开放政策，不仅使经济飞速发展，而且也使政治难题迎刃而解。

经济学与文风

10

改进文风谁先吃螃蟹

中央党校常务副校长李景田先生最近撰文，倡导党校要带头改进文风。好、好、好，我举双手赞成。文风事关党风，党校作为干部教育的主阵地，若真能在改进文风上率先垂范，言传身教，不仅利在当代，也功在千秋。我在党校工作十数年，读过言之无物的文章无数，也听过不少空话连篇的报告。有切肤之痛，所以对改进文风的倡议尤为响应。

大约一个多月前吧，《学习时报》做东召开座谈会，各路专家济济一堂，大家从不同的角度谈文风，海阔天空，各抒己见。虽然专业各不相同，但有一点却是共识，即改进文风刻不容缓。而我所思考的是，今天国人的文风何以会江河日下？从经济学的角度看，我的答案是四个字：利益驱动。

不是信口开河。先说我自己观察到的现象。首先是经济学教科书。当年我上大学时，教材通常30万字左右，可三十年过去，今天国内教材的字数差不多都翻了番。是经济学发展突飞猛进吗？非也。就我所知，近三十年学界建树并不多，尽管国际上每年有人拿诺贝尔经济学奖，但那都是三十年前的成果。问题是经济学研究相对停滞，可教材为何越编越厚呢？我推测，这是与国内职称制度有关。就在几年前，大学评职称还是比著作字数，谁字数多谁先当教授。利益攸关，教科书膨胀不足为怪。

第二个现象是经济学论文。翻开经济学期刊，大多数文章写法如出一辙。也罢，而更麻烦的还是文字，要不是空洞晦涩，就是滥用数学，外行看不懂，内行不明白。一位在某权威期刊做编辑的朋友说，他们刊物选用稿件，仅一个半人能懂，作者本人懂，责编半懂不懂。这说法无疑有些夸张，但目今经济论文不好读是事实。奇怪的是，经济学大师斯密的《国富论》，有初中文化就能懂，为何今天的论文那样艰深呢？尤其是那些博士论文，哪怕你是博士也未必能看明白。

经济学适当用数学是好事，我不反对，然而滥用则物极必反。数学代替不了经济学，说上天，它也只是协助推理的工具。一篇经济论文若理论无建树，数学用得再深，也不过是花拳绣腿，废纸一张。如此浅显的道理，学子们不会不知道。既如此，可大家为何不在理论创新上下力而对高深的数学情有独钟呢？其中奥秘，我当年一位师兄一语道破。他说数学用得高深，旁人就不知所云，审评教授看不懂又不好明说，有苦难言只好网开一面，于是论文答辩轻松过关。

第三个现象是领导作报告。这些年我听过的报告无数，其中当然不乏精彩的，但讲空话套话的也不少。令人匪夷所思的是，领导讲话大多是念稿，甚至一字不落。几年前我到西柏坡，在七届二中全会旧址看过毛泽东同志在全会上作报告的录像，当年毛主席只拿一个提纲，讲得神采飞扬。相比之下，我们现在一个省、市领导，讲话都得让别人先拟稿。是领导水平低吗？未必。我接触的官员多，从省到县，多数其实都能说会道，可一旦作起报告来就照本宣科。

何以如此？我的解释是如今大小会议多如牛毛，办会单位为提高规格，往往挖空心思要请领导到会讲话。领导非神仙，不可能万事通，情况不了解还要讲话，不得已，故只能请别人捉刀拟稿。另一方面，领导要到处讲话，言多必失，为避免讲错话，高明之策就是讲空话。空话虽不管用，但空对空，对不了也错不了，不会有后遗症。由此看，讲空话原本是出于无奈。然而，空话讲多了也就成了习惯。习惯成自然，天长日久，也就成了官场一大流弊。

其实，国人的文风问题并非始自今日。早在延安时期，毛泽东同志就提出过整顿文风。既然文风问题由来已久，积重难返，那么今天要改进文风若无制度保证，仅靠发号召怕是难以成事。经济学说，制度高于一切。要改进文风，重要的还是要创新机制。说我熟悉的例子。我供职的中央党校，原来评职称的一项硬指标是比著作字数，攀比之下，学者的文章越写越长。前几年改了规矩，评职称只看代表作，不比字数，于是泛泛空谈无人问津。

另一个例子是中央党校的授课制度。我刚进党校时，每节课是 3 小时，可那时总有教员拖堂，学员怨声四起，意见大。后来校委立规矩，限定每节课不得超过 2 小时，并让学员当堂给教员评分。你猜怎么着？拖堂现象戛然而止，教学效果大大改观。去年我在党校做学员，听课一年，耳闻目睹，亲身感受。不仅拖堂少，而且授课质量出我意料，许多教员本来都是朝夕相见的同事，可听过他们授课，仍让我刮目相看。

写到这里，我想到了官员的文风。如何让官员少讲空话，办法当然多，但最根本的一条，恐怕还是立规矩。比如今后领导作报告，能否借鉴中央党校的做法，让下面的听众打打分。分数可以不公开，但必须反馈给领导本人。要点是，听众打分应不记名，记名打分大家不敢说实话，规矩也会流于形式。而困难在于，官员给自己立规矩，革自己的命，谁会愿意第一个吃螃蟹呢？

那天我在《学习时报》座谈会发言，斗胆提出领导讲话要让听众打分，不料与会者都赞成，并报以热烈的掌声。不过掌声归掌声，我知道要真正做到不容易。既然党校要带头改进文风，那么就请校长们带个头吧。万事开头难，能不能迈开这一步，让我们拭目以待！

文章千古事

　　人们所以写文章，大凡是有话要说；读者所以看书，通常是为了获取新知。如同说话需要听众，写文章也需要读者。但写文章与说话，毕竟又有不同。说话，可以哪说哪了；而文章一经面世，就如离弦之箭，不能回头。古人云"文章千古事"，说的就是这个道理。故著书作文，须得十二分用心才行。

　　读者看书，既然是为新知，那么写文章的人，首先要考虑的就是，你拿什么"新知"奉送读者。这里所说的"新知"，当然不仅仅是新理论，也可以是新方法、新角度。有新理论固然最好，但新方法、新角度也十分难得。历史上确有不少经济学大师，如亚当·斯密因提出"看不见的手"而名垂史册，凯恩斯因提出"国家干预经济"而成为战后经济繁荣之父。但也有不少经济学家，并未创造什么新说，他们只是改变了研究的方法，而他们的著述，同样让人耳目一新，脍炙人口。

比如一百多年前，英国剑桥大学马歇尔教授撰写的《经济学原理》，就理论方面而言，可说几无建树，但由于他首创均衡分析，却使经济学由此成为一门真正成熟的科学，《经济学原理》也因此成为经济学说史上一部不可多得的"划时代"的著作。现代美国经济学家诺斯研究制度变迁问题，1993 年获诺贝尔经济学奖。诺斯获奖，也不是因为他创造了新理论，他所仰仗的理论，其实就是科斯的交易费用学说，他的贡献，在于以史立论，即善于从历史长河中寻找制度变迁的规律。由于他的角度与众不同，所以也令其大获成功。

写文章贵在出"新"，那么"新"从何来呢？答案只能是观察、读书、思考，再观察、再读书、再思考。如此反复，不可懈怠。观察，当然是观察社会，观察生活；读书，则包括读古人的书，读今人的书，读国人的书，读洋人的书，总之要博览中外、贯通古今；思考，关键在"态度超然"、"立志高远"。大哲学家黑格尔说，存在决定意识。人在一定的环境里生活，观察和思考，难免会屁股指挥脑袋。既如此，写文必须先做人。文如其人，人做不好，文章肯定好不到哪里去。李大钊先生曾说："铁肩担道义，妙手著文章。"这里的"道义"，讲的就是做人的使命与责任。

湖南清代有一位国学大师，叫王闿运，此人是曾国藩的老师。他把学问分为三等：一为诗文之学，二为功名之学，三为帝王之学。所谓诗文之学，纯粹是文人墨客附庸风雅，无病呻吟，成不了大器；而功名之学，则是为了高官厚禄，顶戴花翎，说白了还是为一己私利，故也难修正果；而帝王之学，却与前两种截然不同，为的是天下苍生，江山社稷。清朝末年，康有为等置生死于度外，上书朝廷，吁请变法，是何等气概！康老前辈的学问品格，实在是值得我们后人效法、发扬光大。

假如你经过大量观察之后，加上读书与思考，而且有了"新知"，接下来，就要考虑怎么行文了。我的体会是，行文要做到三个清楚：想清楚，说清楚，写清楚。想清楚是说清楚与写清楚的前提。没有想清楚，千万别匆忙下笔，以免事倍功半，徒劳无益。想清楚之后，也未必马上就写，你不妨先试着把它说清楚。比如给朋友说，给同事说，给家人说。如果朋友、同事、家人都觉得你说清楚了，并且听得饶有兴致，那么写清楚，自是水到渠成，不在话下了。

看看时下的书报文章，可谓铺天盖地，但真正让人读得明白，读得有滋味的，却并不多见。特别是有些官员的讲话稿，不能说他们没有"想清楚"，但一旦作起报告来，通常都是照本宣科。台上的人声洪嗓大，台下的人昏昏欲睡。为什么？原来他们对自己要讲的东西也许心里有数，但不能说清楚，加上稿子又是秘书写的，这样，当领导的反而成了"俘虏"，你说他不念稿咋办？再看国务院前总理朱镕基，平时他作报告就很少拿稿，可大家听他讲话却如饮甘露一般。前些年我听过他不少报告，回回都是满堂彩。这是何故？因为他不仅想得透彻，而且讲得精彩。如果把他的讲话录音整理成文章，保准篇篇都是上乘佳作。

从想到说，从说到写，这是一个连续的作业过程。但这绝不是说，没有说就不能写。我的意思是，在写之前最好先找机会说一说，实在没机会，该写还得写。问题是要设法把它写明白，写轻松。俗话说，文无定法。不过那是从布局谋篇方面说的，写轻松明白的文章，我以为还是有一些法门。总起来说，就是要把讲道理与讲故事结合起来。一篇理论文章，倘若通篇都是说理，难免让人感到枯燥，但满篇都是故事，那就成了小说。所以要将二者巧妙结合，不可偏颇。

说理与讲故事，还有一点技巧。大道理，要用小事说；小道理，则用大事说。前者可以把复杂的问题简单化，后者却可以小见大，引起读者高度关注。讲故事一定要贴切，要合情理，不可捕风捉影，瞎编乱造。前面讲要多观察、多读书，某种意义上也是为了讲故事。见的事多了，读的书多了，肚子里的故事自然也就多。就像盖房子，有了好的设计，又有足够的建筑材料供你选用，何愁盖不出漂亮的房子？若有了新观点，加上有一肚子故事垫底，你必能旁征博引，谈笑风生。而你此时写出的文章，也一定是举重若轻，兴味盎然。

一个书生的"从政经验"

今年领导安排我参加党校学习，学员支部办会，交流从政经验，人人得发言。本人三十岁前上学，三十岁后教书，不曾从政，当然谈不上有何从政经验。所幸在党校任教，接触官员多，耳濡目染，对从政有粗浅认识，加上主理经济学部工作五年，虽不算从政，但管理与从政异曲同工，有相通的地方，这里就说点自己的体会吧。

我个人的看法，若是做某件具体的事，可以单打独做，但要做一番事业则不可事必躬亲，个人再能耐，也不能包打天下。比如在党校搞教学，作为经济学部的头儿，我可以通过精心备课把课讲好，但要提升经济学部整体教学质量，靠我一人点灯熬油怕是力不从心。俗话说，谋事先谋人。唯有众人拾柴，事业才能红红火火。

问题在于谋事难，谋人更难。人乃万物之灵，有思想，有情感，偏好不同而性格各异，凝聚人心谈何容易？不过，人的行为也并非无规律可循。经济学说，人理性利己，要追求利益最大化。由此看，要团结人，调动人的积极性，就必须贯彻利益原则，舍此无他。当然，这里的利益不仅仅是金钱，还有荣誉、职称、社会尊重等。

　　说起来，我个人的管理经验是来自美国学者卡尼曼的前景理论。卡尼曼2001年获诺贝尔经济学奖，其主要理论可归结为三大定理。第一定理：幸福是主观感受，人们的幸福程度与比较的参照有关。第二定理：人们失去利益的痛苦，远远大于得到同等利益的快乐。第三定理：面对损失人们偏好风险，而面对收益则会规避风险。

　　说幸福来自比较的参照，不会错。幸福虽与金钱有关，但有钱未必就幸福。卡尼曼做过调查，美国人的收入比战前多了三倍，但今天美国人并不见得比战前幸福。我个人早年在乡下种地，面土背天，煞是辛苦，但那时只要能吃饱肚子，就会觉得幸福。因为那时经常忍饥挨饿，对比的是穷日子。现在我做教授，月入数千，比之从前心满意足，但若硬要去跟那些日进斗金的明星大腕比，岂不郁闷得要跳楼？

　　从管理的角度看，第一定理的含义是一个团队要和谐，不必动不动就对比先进找差距。对能力较弱的，要看到他的进步，只要有进步，哪怕微不足道也要给予充分肯定。一个成功的管理者，要善于引导下属只与自己的过去比，这样反而能激发人的进取心。想想吧，为何现在很多外企员工的工资不公开，其实，雇主就是为了避免横向比产生摩擦。

　　卡尼曼第二定理说，失去利益的痛苦要大于得到同等利益的快乐。这样的例子比比皆是。春节时大人给小孩 100 元压岁钱，小孩会高兴，但要有人把他的 100 元钱拿走，小孩会号啕大哭。成人也如是，每月涨 5% 的工资大家高兴，若每月减发 5% 的工资，一定会怨声四起。想当年，农村改革顺风顺水，亿万农民一呼百应，可为何政府改革至今步履维艰？答案简单，因为前者能解决农民的温饱而农民无损失，后者却让官员下岗，伤及切身利益自然要遭到抵制。

将此引申到管理层面给我们的启发是管理一个团队，要尽可能照顾好各方的利益。除非不得已，别轻易损害下属的既得利益。惩罚不如激励，与其扣工资，不如给干得好的人加奖金。总之，要少动利益存量，多用增量激励。即使要扣某人工资，事后也要设法通过其他方式予以补回。比如当事人工作若有改进，就不妨借梯上楼，奖励一下。

至于第三定理，同样无可置疑。是的，人们面对收益时会变得谨慎，面对损失时会偏好冒险。记得读小学时，老师时常表扬的学生，个个都很自信，后来大多都有些作为；而那些经常遭老师批评的学生，久而久之就自暴自弃，破罐破摔。管理下属其实也应这样，要多表扬少批评，尤其在公开场合批评下属是大忌，能避免则避免。曾有报道，下属因受不了上司的批评而寻短见，有的甚至铤而走险枪杀上司。血的教训，应当吸取。

当然，这并不是说管理者要做和事老。适当批评是应该的，也是必要的。不辨是非地和稀泥，对事业其实很不利。不过，批评要讲究方式，我理解的底线在于，批评最好不伤及下属的自尊。

我选职业是误打误撞

我加入经济学界，若从1979年上大学起算，迄今正好三十年。其中前十年是念书，本科与研究生皆就读于中南财经大学。1988年投入中国人民大学宋涛教授门下，1991年7月博士毕业后进中央党校任教。从学术经历看，从校门到校门，平淡加简单，也就是人们所说的那种"两门学者"。

曾对朋友说过，我选经济学做职业是无心插柳、误打误撞。从小生活在农村，父母目不识丁，学业上他们不可能给我建议，而上大学前，我对经济学也全然无知。于今回顾，当年选择学经济大概有两个原因。一是以为学经济能挣钱。小时候家里穷，常吃不饱饭，穷则思变，故考经济系就成了首选。再一个原因，就是此前我曾在乡下当过会计，算盘打得好，自以为有点学经济的基础。无知者无畏。就这样，我懵懵懂懂地踏进了经济学的门槛。

所幸的是，我运气算不错。我的母校当时虽不是什么名校，但学术氛围却非常好，经常举办学术讲座，几十年过去了，有些讲座我至今还记忆犹新。进大学不久，系主任杨怀让教授给全系师生作了一场"关于社会主义生产目的"的报告，可以说，就是那个报告让我如梦初醒，意识到经济学并非我原来想象的记账算账那样简单；而张培刚、谭崇台、许毅、刘涤源等名家也常来学校讲学，这不仅令我视野大开，而且让我真正迷上了经济学。

我对母校印象最深的就是，那时候考试很严，老师要求背的书很多。那样的考试方式，累得我与同学们苦不堪言。幸好当时年轻，加上我有点过目不忘的本领，这样大学四年，书的确背了不少，今天我写论文引经据典得心应手，其实就得益于那几年背书下的功夫深。在读书方面，给我指导最多的是谷远峰教授，他学富五车，又是湖南同乡，经他指点，我做本科生时就读完了亚当·斯密、李嘉图、马歇尔、凯恩斯等大师的名著。

在我求学经历中，有两位老师必须提到。一位是我的硕导王时杰教授。他对现实问题观察可谓入木三分。时杰老师不仅谈吐风趣，而且讲经济学总有举不完的例子。有人说我现在的演讲风格有点像他，我想是对的。另一位是我的博导宋涛教授。宋老乃国内学界泰斗，治学严谨自不必说。从他那里，我除了学经济学，更重要的是懂得了学者的道义与责任。当年我能进中央党校，是宋老鼎力推荐，而这些年我的论文争议不断，宋老也总鼓励我坦然面对，坚持讲真话。

说到学术研究，我起步得比较早。大学一年级就开始在《学报》发表论文，前后三十年，发表论著字数近千万。回头看，我的研究大致分三个阶段。一是从上大学到博士毕业，研究重点在基础理论方面。这个时期的论文大多发表在《经济研究》以及大学学报上。1992年进中央党校后，由于要给高中级干部授课，于是我不得不走出书斋，把大部分精力投入到基层调研，其间写过不少研究报告与"内参"。从1997年起，我开始为报纸写专栏，先在《中国经济时报》，后来在《经济日报》，再后来在《21世纪经济报道》，每周一至两篇至今未间断。

20世纪90年代中后期，曾先后多次赴国外进修，不过自觉收获不大。后来每年出国考察，也只是走马观花。作为中国本土学者，我的注意力始终在中国。对做学问我坚持三条：一是反复读经典，二是跟踪权威学术期刊，三是密切关注现实。我的体会是，常读经典可温故知新，因为随着阅历的逐步丰富，读经典的感悟也会不同；跟踪期刊，是为了把握学术前沿；而关注现实，则可避免学问空对空。在中央党校工作，调研条件得天独厚，故多年来我写文章一直奉行"眼见为实"，未经实地调查，绝不贸然下笔。

人贵自知。在经济学界拼搏数十年，却不敢说对经济学有何贡献。不过扪心自问，自己还算一位勤奋的学者，前几年撰写的《与官员谈西方经济学》等系列丛书，读者回声四起；而近几年撰写的《经济学笔谭》《中国的难题》《中国的选择》，当下也在书市热销。看到自己的书有人买，要说不高兴是假的，然而人到中年，早过了得意忘形的年龄。我现在最想做的，就是写一本供党政官员阅读的教科书。此计划工程浩大，而平日事务缠身，何时动笔不好说，但迟早一定会写。我想，最晚在退休前应可大功告成吧。

寄望《中国经济观察》

　　清风袭面，翰墨飘香。《中国经济观察》终于付梓，仿佛一个新生命降临，我们欣喜于她的诞生，更憧憬和期待她扶风采露、与时俱进、生机勃发！

　　《中国经济观察》生逢新世纪之初，这就注定她要与这个时代息息相关。从历史看，举凡一切大变革时代，总会催生影响至深的经济理论，总会伴随伟大的经济实践。翻开世界经济史，我们可以看到一个个熠熠生辉的名字：斯密、马克思、凯恩斯、拉弗、弗里德曼、萨缪尔森、罗斯福、撒切尔……理论家的真知灼见，政治家的果敢决断，彼此支撑，良性互动，共同推动着一个国家的兴盛与进步。理论源自实践而指导实践，政治处于经济而高于经济。我们相信，中国学界与政界的交流沟通，则于改革发展也必将相得益彰，善莫大焉。

　　《中国经济观察》根植于中央党校这块理论沃土上，利用其特有的资源优势，力求在中央与地方、学界与政界之间，搭建三个全新的交流平台：一是学者与官员畅所欲言，相互借鉴，各取所长，相互启发的平台；二是聚焦经济现实，仁者见仁，智者见智，"奇文共欣赏，疑义相与析"的学术平台；三是理论工作者为现实问题求解，政策执行者对实际问题进行理论升华的平台。"问渠哪得清如许，为有源头活水来。"但愿《中国经济观察》能不负众望，旗开得胜！希望她能够真正成为中国当今思想界的一口泉眼，为国家的经济繁荣，民族的伟大复兴，涌流更多的源头活水！

古人说，观大体为知，察根本为识。《中国经济观察》的主旨，就是提倡"观察中国经济"，不仅要观大体，而且要察根本。立足中国国情，"谨思之，慎言之，笃行之"。直面改革中的矛盾，既条分缕析，回答"是什么"，又对症下药，提出"怎么做"。一句话：我们要着眼于解决问题，而不赞成关在象牙塔里坐而论道，夸夸其谈。因此，《中国经济观察》所载文章，不求烦琐乏味的引经据典，摒弃无病呻吟的鸿篇巨制，谢绝大话连篇的官样文章。所有来稿，必须紧扣改革实际，抓住热点难点，直抒胸臆，言简意赅。不故弄玄虚，不装腔作势，既讲学术规范，又重实际效果，是我们所追求的境界。

无疑，《中国经济观察》作为一朵新葩，需要学界同仁与广大读者的热情扶持。我们愿通过这个平台，与学术上有建树的专家学者建立起联系，与坚守改革第一线的实际工作者建立起联系。我们热诚欢迎大家赐稿，也渴求得到大家的意见和建议。可以肯定，只要有编者、作者、读者的共同参与，一起培土浇水，除草施肥，《中国经济观察》这株幼苗一定会根深叶茂，繁花似锦！

再谈湖湘文化

前几年曾为《湖南日报》写过一篇题为《市场经济与湖湘文化重构》的文章，发表后不断有湖南乡友来函来电，希望与之切磋。由于事务缠身，一直未做响应。这次恰逢刘汉辉先生策划的《湖湘四典》出版，诚邀作序，借此机会，我想对湖湘文化的现代意蕴再谈点看法，也算对乡友有个交代吧。

湖湘文化发轫于先秦楚文化，最杰出的代表，莫过于三闾大夫屈原。屈夫子流放湖湘十余年，心怀"美政"理想，哀民生多艰，困苦卓绝，上下求索。其"流风所被，化及千年"，使湖湘文化"尽洗蛮风"。当国家山河破碎之际，屈原怀沙沉江，生做人杰，死为鬼雄。时至今日，湖湘大地四处可见屈子祠，"楚人悲屈原，千载犹未歇"。

五柳先生陶渊明，不为五斗米折腰，罢官封印，归隐田园。一腔安邦济民的抱负，只能假托于秦时明月，隔世桃源。今人考证，《桃花源记》所述山水是否在常德有争议，但在三湘大地却无疑。也难怪，洞庭湖荷叶田田，水天一色；张家界龙吟细细，风月无边；南岳衡山清峰冷雁，江天潇潇；湘西吊脚楼凤竹滴翠，袖生白云，牵起了多少英雄壮志难酬的归隐梦！

和包拯同朝为官的范仲淹，外御强敌西夏，内施"庆历新政"，却因直言敢谏，仕途三起三落。友人滕子京谪守巴陵郡，重修岳阳楼，嘱其作文以记之。范公虽不能至，心向往之，将神游之笔，付诸浩浩荡荡的长江水，以物我两忘的超然境界，吟出了"先天下之忧而忧，后天下之乐而乐"的千古绝句！

北宋大儒周敦颐，上追孔孟，下续程朱，承前启后，开理学之先河。所著《太极图说》《通书》，"师心独往，以一人之意识经纬成一学说，遂为两宋道学不祧之祖"。濂溪先生酷爱莲之高洁，传世名作《爱莲说》，以花喻人，意味做人行事，应出淤泥而不染，濯清涟而不妖，中通外直，不蔓不枝。质本洁来还洁去，只留清白在人间。

湖湘文化汪洋恣肆，其超拔之处不可胜数。而我比较赞同一种观点，即"革故鼎新，经世致用"。这不仅是湖湘文化的精髓，也是湖湘文化的魅力。可以说，从古代湖南先人开始，就一直能吃辣椒会读书，不屑空谈，敢于怀疑古人，勇于推陈出新，且不做书呆子，崇尚学以致用，以学报国。

不是吗？屈原当年因放逐而融于民间，多年的颠沛流离丰富了他的"美政"思想，在他眼里，"美政"的最高境界就是耕者有其田，居者有其屋。到了陶渊明那里，进一步勾画了没有压迫，人与自然相处和谐的图景。周敦颐的《太极图说》《通书》，既是对孔孟之道的继承，又是对两汉儒学的批判，其格物致知的辩证法，站在了时代文化的前沿。至明清之际的王夫之，倡言"道莫盛于趋时"，强调知行统一。晚清魏源著《海国图志》，提出"师夷长技以制夷"，曾国藩、左宗棠更是率先垂范，投身洋务救国，付诸实实在在的社会变革。

从辛亥革命到"五四"运动，再到共和国肇造，三湘大地英雄迭起，仁者辈出，身体力行，实干兴邦，"为有牺牲多壮志，敢教日月换新天"。难怪钱钟书先生慨言："中国只有三个半人，两广算一个人，湖南算一个人，江浙算一个人，山东算半个人。"从对中国的影响而言，确有一定道理，但湖南人的影响似乎要更深远些。

湖湘文化的另一个优异特质是勇于担当，敢为天下先。范文正公不是湖南人，但他的《岳阳楼记》所张扬的忧国情怀，激励着一代又一代湖南人以天下为己任，为国分忧，为民解难。从地理上看，湖南偏居一隅，崇山峻岭，滩河急浚。然而一方水土养一方人，荆蛮之地养育的湖南人，笃实质朴，任勇刚直。正是这种草根文化的滋养，造就了湖湘士人的书生意气，侠义精神。曾国藩读经入仕，却创造了"无湘不成军"的奇迹；谭嗣同出身书香世家，却能横刀向天笑，甘做变法流血第一人；黄兴、蔡锷则投笔从戎，捍卫民主共和；而从韶山冲走出来的毛泽东，"掌上千秋史，胸中百万兵"，带领共产党人筚路蓝缕，百折不回，缔造新中国，将心系天下的湖湘文化推向了巅峰。

陈独秀曾写过一篇《欢迎湖南人底精神》，文中说，当人们无法过河时，就要造一座新桥。人类文明传统，就是一代又一代的历史人物，艰苦奋斗，创造出来的一座宏伟大桥。他相信，湖南将会人才辈出，为国家兴亡前赴后继。身为湖南人，对此

な

评价我深信不疑。是的，只要湖湘文化继承延续，湖南人就会在国家危难之际挺身而出，"扎硬寨"、"打死战"、讲真话、干实事，担负起历史的使命。

马克思说："人们自己创造自己的历史，但他们并不是随心所欲地创造，而是在直接碰到的、既定的、从过去继承下来的条件下创造。"《湖湘四典》一书，将最能代表湖湘文化的精品名作，以中国传统的书法表现出来，对梳理文脉、传承经典做出了新的探索。更难能可贵的是，汉辉先生所请的四位书法大家，皆为当代中国书坛巨擘。古代先贤为文，当今名士为书，文以载道，书以传世，一举两得，岂非善莫大焉！

《企业制度再造》序

239

　　也许是职业的缘故吧，这几年，我总要读几本官员的书。官员在第一线摸爬滚打，对改革的体验很深，故若不是他人捉刀，官员写书通常是有看头的。不过，对他们的书，我只是看，从不作评论。连这次罗辉让我作序，也是盛情之下，难以推托。在我看来，为人作序，自己得是那方面的专家才行。可谈到企业，我却远不及罗辉，所以揽这个差使，是赶鸭子上架，有些勉为其难的。

　　初识罗辉，是 2000 年的夏天。那时他还在襄樊市市长的任上。我大学时期的一位同学，是他的秘书。经同学牵线，我与罗辉在北京见了面。罗辉文气很足，人又谦和，给我的第一印象，他不太像市长，倒更像教书先生。其实也难怪，罗辉从政之前，原本就是省内一所高校的校长。他学理工出身，正儿八经研究生毕业，有教授头衔，曾出版过机械工程与企业管理方面的专著。正因为他有学者的潜质，出任襄樊市市长后，又着手研究起企业改革来。那次在我办公室，罗辉向我介绍了他关于"动态股权制"的大致思路，也介绍了襄樊试点的情况。实话说，像我们这些做学问的人，大多都是怀疑论者。眼见为实，耳听为虚。没亲眼见过的事，是不敢评头品足的。当时我只对他说，我要去襄樊看看，实地考察之后，再发表意见。

几个月后，我和几位同事到了襄樊。在那里，我们参观了企业，开了座谈会，约见了企业主管，也走访了普通职工。一路所见所闻，着实令人鼓舞。回到北京后，我在《经济日报》发表专文，推介动态股权制，在《中国经济时报》也发表了大版的调研报告。文章刊出后，企业界好评如潮。后来应中央党校学员的要求，我请罗辉来党校讲学。那天下午，整个报告厅济济一堂，座无虚席。台上罗辉据实说理，头头是道；台下笑声掌声，回应热烈。那一回，罗辉给我留下的印象是，他不仅具有学者气质，而且具有演说家的风采。

我与罗辉之间，论年龄，他是兄长。可去年他到中央党校学习，我却当起了他的老师，他的毕业论文就是我指导的，这大概就是人们所说的缘分吧！与罗辉接触久了，我发现他虽人在官场，身上却没有官味，更没有官瘾，对做学问倒是一往情深。在中央党校学习一年，他推掉不少应酬，一心埋头读书，从马列经典到西方经济名著，兼收并蓄，读了一大堆，也做了一堆笔记。每次去看他，都是两杯清茶，一碟花生，然后就是海阔天空，一通神聊。我们一起谈科斯，谈威茨曼，讨论信息不对称，讨论激励机制。他在产权与分配两个领域的造诣，是很让我叹服的。当然，罗辉毕竟不是书生，他研究理论，目的是要推动实践。他在中央党校写成的这本《企业制度再造》，就是把理论融于实践的一部具有原创性的力作。我相信，他关于产权与分配联动改革的见解，在中国改革史册上，终究会要留下一些墨迹的。

罗辉是我的朋友，赞誉《企业制度再造》的话，我不便多说。说多了，会有做广告卖书的嫌疑。现在书就摆在我们面前，读者都有自己的鉴赏力。我要告诉大家的是，倘若你正在关注企业改革，或是在操持这方面的事务，那么看看这本书，保准你不会后悔，而且一定会有大的收获。

附录

11

破解中国经济困局^①

当前，国际金融危机已延伸至实体经济层面，美国、欧盟、日本三大经济体的形势在继续恶化。2008 年第四季度以来，全球经济衰退对中国的影响日益明显，中国经济在持续五年的两位数高增长之后，增速回落。中央提出要统筹好国内国际两个大局，把保增长、促就业、调结构作为当前的工作重点。就如何解决我国现在所面临的经济增长放缓、就业矛盾突出等问题，以及产业结构调整、继续推进改革、转变经济增长方式等重大战略的实施，本刊记者采访了中共中央党校经济学部主任王东京教授。

记者：王教授您好，感谢您接受本刊采访。请问您对当前我国经济的总体走势怎么看？2009 年我们能否实现 GDP 增长不

---

① 此文原载《理论视野》2009 年第 3 期，由该刊记者刘晓洲采写。

低于8%的目标？

王东京：从2008年数据看，中国财政收入的增长率从2007年的33%下降到19%，GDP增长率从11%下降到9%。从最新公布的今年2月份数据看，CPI和PPI双双下降，CPI同比下降1.6%，PPI同比下降4.5%。这个迹象提醒我们注意中国是否进入一个通缩的时代，虽然现在还不是非常明朗。如果经济增长持续半年内下滑，那就表明我们很可能会进入通缩。所以现在应该忧虑的是通缩，而不是有人仅仅根据最近几个月银行贷款的快速增长所担忧的通胀。

大家比较关心2009年我国的GDP增长率，对此我个人是乐观派，认为8%是没有问题的。8%是中国经济增长的门槛，是保稳定的一个基本速度，这个可以根据经济学上的奥肯定律倒推出来。十年前的亚洲金融危机时，国务院也提出"保八"，去年我们遭遇美国次贷危机和全球金融风暴，国务院又提出"保八"。我个人认为"保八"没有问题，支持这一判断的理由有：首先从投资方面，党中央、国务院从去年11月开始采取了应对全球金融危机的一套办法，包括积极的财政政策和更加宽松的货币政策。积极的财政政策，主要就是扩大国债规模，去年安排了1800亿元，今年的规模是9500亿元，这其中包括中央代地方发债的2000亿元。从去年10月份到现在，整个贷款规模已有2万亿元。这些投资下去，肯定会拉动我们的经济增长，按照弗里德曼所说，从货币投放到经济增长之间，大概有6～9个月的时滞。可以预计，今年上半年我们会很艰难，比2008年要更艰难。但如果从去年11月份算起，投资拉动需求的传导期按7～8

个月计算的话，今年的第三季度中国经济会反弹。因为我们的这些投资下去，不可能不对经济产生影响。

支持我的判断的另一个因素可以从我们的体制来分析。我们的体制还是有投资冲动的。回想 1998 年，当时中央提出"保八"，结果各地报上来的数据大大超过 8%，压挤水分之后的最终数据是 7.8%。所以，我说今年 GDP 增长 8% 没有问题。

另外我想说的是，我们不应该把 8% 这个数据看得太重，经济发展不能只追求数字。这一次的国债资金投放和货币政策支持增长的重点应是调结构。金融风暴来了之后，很多生产资料价格下降，这是调结构成本最低的时候，是一个机遇。要看到，金融危机不是中国的金融危机，金融危机的中心在美国、在欧洲，不在我们这里，中国的金融体系没有问题。问题只是中国经济对外依存度比较高，这样会影响我们的出口，影响我们的外部市场，因此对国内需求的压力很大。利用这个机会调税率、调结构，是成本最低的，政府经济政策的重点应放在这个方面。现在媒体过多地炒作 U 形、V 形、W 形之类的预测没有意义，经济学家不是算命先生，再说算对了又能如何？关键在于拿出切实的办法。因此，我的一个总的看法就是 2009 年"保八"没有问题，关键是怎样把结构调整放到 GDP 增长前面去。

记者： 截至 2009 年 1 月，全国约有 2000 万农民工由于金融危机失去工作或者还没有找到工作而返乡，占外出就业农民工总数的 15.3%。2008 年尚有 100 万大学毕业生未找到工作，2009 年将有 600 万大学生进入就业市场。如果不能有效化解巨大的就业压力，将影响社会稳定。面对严峻的形势，我们该怎么做?

王东京: 2009 年最头疼、最大的问题就是就业的问题。其他问题和这个比起来就是小问题。怎么安置失业返乡的农民工,这对我们是一个大考验。这里引出了最近我一直在考虑、在担心的问题,就是农民收入的问题。最近十年农民收入增长较快,去年达到人均 4000 元,有一个原因是大量农民离土离乡,进城务工。有人估算过,农民的非农收入中,务工所得至少占八成。这是说,倘若农民不进城务工,人均收入将减少一半多,指望靠增加农村的消费来扩大内需就会落空。这是个大问题。我今年春节前回乡下,耳闻目睹,与亲友交谈,发现较之前两年农民收入有明显下降。曾问过原因,农产品价格走低是其一,更大的麻烦是大量农民工返乡。农村原本人多地少,种地的人再多也是窝工,而没了打工收入,农民收入下降势难避免。中国改革三十年,我认为最了不起的成就,就是让 8 亿多农民得以温饱。然而天有不测风云,农民好不容易脱贫,现在却又迎面碰上了金融危机。工厂关门,农民工无奈返乡,连锁反应,则是部分农民可能再度返贫。

2000 万农民工下岗失业,原因是多方面的。第一,珠三角一些出口加工企业受美国次贷危机影响,出口出不去了。第二,新劳动法出台的时机不是很好。那些出口企业遭遇出口下滑之后还要上调工资,外压内挤之下,很多企业不赢利就关门了。现在最大的问题是怎样帮助中小企业全面开工。如果企业开工不足,大量农民工下岗失业的问题就解决不了。不能指望靠农民返乡就业解决问题,农业人口非农化、以城带乡是个大潮流、大趋势，鼓励农民回乡就业绝对不能成为方向。

中央现行政策主要有三条。第一，通过增加农田水利基本建设投资，安置一部分农民工就业。但这只是临时就业，只能解决短期问题，不可持续。第二，由当地政府组织农民工培训。农民工培训是好事，应该做，也值得做。这次金融危机，必会推动国内产业调整升级，假如政府肯花钱培训农民工，不仅可延缓就业，而且对其日后求职肯定有帮助。但培训非长久之计。人要吃饭，最终还得有地方挣工资。第三，鼓励农民工返乡创业。这在思路上肯定对，用创业带动就业，学界早提过，理论上也无懈可击。不过回到现实来考虑，困难很多。首先创业要有本钱，农民工囊中羞涩，钱从何来？其次要有好项目，至少产品要有销路，当下经济萧条，消费不振，什么都不好卖，农民工创业做什么呢？现有中小企业都朝不保夕，而此时让农民工创业，白手起家谈何容易！

政府所以出台这些措施，目的是为了避免农民工下岗导致社会失序。政府重视稳定，这样做没有错。但从如何维持农民收入的角度看，我认为政府政策的重点就不应当鼓励农民工返乡创业，而是要设法把他们留下来，鼓励他们在城市创业。即使是培训，也应留在城市，因为从师资到硬件，农村都无法与城市比。政府反正是花钱，背着抱着一样沉，何必把包袱推给农村呢？

我的看法，真正要解决问题还是要靠发展。发展是硬道理。如果企业不复工，农民工永远是没有工作的。现在，中央一系列拉动内需的措施，积极的财政政策和更加宽松的货币政策等，自然会有效果。但现在最大的问题是通缩。银行有头寸，也有规模，但惜贷严重。现在很多企业是亏损的，借了钱还不了，对银行来说就是呆账，行长要负责任。所以尽管国务院的意图是放大贷款，但银行在放贷方面非常慎重。要解决银行惜贷的问题，微观层面，企业要赢利，这样银行才敢贷款。怎样让企业扭亏？政府的办法是结构性减税，但能不能达到目标，仔细分析以后，应该说很难。从目前政府的举措看，至少有三条：一是增值税转型，二是加大出口退税，三是内外资企业所得税合并。当前政府的结构性减税政策很难取得实效，企业并没有享受到减税的好处。

政府实行结构性减税，无非是想借此推动产业调整升级。但我不明白的是，政府一再强调扩大内需，可减税却在出口上使劲，那么产业结构到底会调向何处呢？我的看法，在当前就业压力下，与其结构性减税，倒不如全面减税有效；与其用这么多办法，不如用一个办法，将增值税调下来。我估计，增值税若能下调5个点，从17%调到12%，多数企业便可起死回生。只要企业开工生产，就业问题也就迎刃而解。中小企业本来是微利企业，政府不减税又要求企业提高最低工资标准，这对企业无疑是雪上加霜。提高最低工资标准的思路没错，但我们可以选择最好的时机。改革开放三十年，职工要分享发展的成果，工资总不调是不行的。现在企业高管的工资几百万元、上千万元，劳动者的工资标准还是几百元，这是没道理的。工资标准肯定要调，但在这方面如果说有教训的话，就是政府没有先减税。十七大报告提出要提高劳动收入在初次分配中的比重，提高保障支付标准和最低工资标准，这都是对的。问题在于初次分配有三个部分，工资、利润、税金。如果政府不减税，那就只能挤压企业的利润，企业如果不赢利，就只能关门，结果工人下岗。反之，如果政府先减税，比如下调增值税，向企业让利，然后再加工资，提高最低工资标准，这就没有问题。当前的困难局面也和我们的减税政策没有及早落实有关。去年3月的政府工作报告提出，要促进增值税转型，可是2008年一年这个工作我们没有做。金融危机来了以后，从今年1月1日开始，增值税才开始转型。

记者：当前，我国实施扩张性的财政政策，4万亿元该怎么花？是否会重蹈盲目建设和重复建设的覆辙，从而对落实科学发展观、转变经济发展方式的长期决策产生负面影响？

王东京：4万亿元并不是新增4万亿元，而是在原来计划的基础上新增1.18万亿元，执行宏观调控的新政以后，今明两年政府每年投资2万亿元。4万亿元怎么花？原有计划的已经有项目了。新增的1.18万亿元，中央准备放在改善民生、技术改造、基础设施投资、生态环保、灾后重建等方面，这其实也是中央早就明确了的。民生方面，社会保障和义务教育优先考虑。基础设施投资方面，公共工程和农村水利建设是重要内容。我们的国债资金，从年前的1800亿元到1月15日之前的1500亿元都是这样投放下去的。这些项目以前都有论证，现在只不过是提前上了。中央要求保增长、调结构、促就业，增长是服从就业的，在考虑就业的情况下调结构，已经安排的项目是按照中央落实科学发展观，建设资源节约型、环境友好型社会的总的要求来考虑的。

记者：您前面提到，今年我们的国债增发很多，现在的国债规模是否在可以承受的范围内？

王东京：增发之后，国债规模占 GDP 的比例不到 3%，按照国际上 3% 的警戒标准看，这个比例没问题。中央财政今年的国债规模是 7500 亿元，明年将大大减少，控制在 2500 亿元。

记者：为应对当前严峻的国际国内经济形势，我国提出了十大重点产业的调整和振兴规划。这些规划将会产生怎样的积极影响？

王东京：我们现在要保增长，增长什么？国务院制定十大重点产业规划，这代表了政府的一种意图。产业的成长主要还是要按市场规律办事。十大产业规划体现了政府的导向和意图，体现了政府要做大什么，做强什么，政府对鼓励的行业会有些支持。但这些行业，如果不按经济规律办事，恐怕也不行。

记者：房地产投资是过去一段时间拉动我国经济增长的重要动力。目前，房地产市场趋冷，而北京、上海等地政府已表示"不托市"。对此，您怎么看？

王东京：我认为北京、上海表示不托市，是政府成熟的表现。过去在房地产价格上涨，形成严重泡沫的时候，政府声称要打压房价。其实价格是一个市场进行资源配置的信号，政府是不能直接管价格的。反过来是一个道理，既然过去不能打压房价，那么现在也不能去人为抬升房价。房地产作为拉动中国经济的支柱产业，过去是，现在是，将来还是。但这并不等于政府就要去托市，也就是说房地产业内部有一个重新洗牌的问题。所谓救市，救的是在房地产市场里经营时房子被压住的最后一波人。政府的钱是纳税人的钱，是公共财产，拿这些钱去救一小部分人，没有道理。这一部分人的损失是经营性亏损，经营性亏损不能让纳税人买单，不救市是对的。不救市，不代表房地产这个行业就没有希望，新的开发商会出现。只要老百姓有购房的需求，房地产就是一个重要的产业。现在需要买房的人还是很多，但需要的不是原来的那些高价房子。现在房地产市场趋冷是行业内部的结构调整，房地产业仍将是中国经济的支柱产业。

记者： 保增长要求扩大居民消费。但是，在经济不景气，未来预期难言乐观的情况下，如何能让居民放心地去扩大消费呢？

王东京： 弗里德曼的持久收入假说认为人们对未来收入的预期决定人们的消费。现在谈扩大消费，首先是要稳定人们的预期。中央把重点放在刺激消费上，我认为这是非常正确的。现在政府正在健全社会保障体系，社会保障体系完善以后，人们老有所养，病有所医。特别是我们正在促进农村的社会保障，准备用三年时间建立城乡一体化社保体系，让农民也有退休金。这样，一个直接的效果就是，农民敢花钱了。扩大消费并不是马上就要增加收入，要给老百姓发钱。现在有一些地方按实名发钱，还有一些地方发有时间限制的消费券来强迫消费。而且，在强迫消费时，地方政府还可能规定只能买当地产品，以确保拉动的是本地的经济，这些附加条件反映了政府的意图。所以，发消费券只是提供喘息之机。有这个钱，我们不如拿来健全社会保障体系，稳定人们的收入预期。

记者：十七届三中全会作出了《中共中央关于推进农村改革发展若干重大问题的决定》，但之后国际金融危机对我国经济的负面影响日益凸显，您如何看待现时农村改革和社会主义新农村建设？

王东京：除了农民工返乡，金融危机对农民本身影响不是很大。今年我国北方受旱灾影响，粮食可能会减产，但影响估计不是很大。最大的问题是农村土地制度改革。十七届三中全会提出要推进农村六个方面的改革，这意味三十年之后农村改革的新起点。改革开放之初，我们讲农民增收，一靠科技，二靠政策。这些年农业产业化、农业产业结构调整、粮食流通体制改革、税费改革、粮食种植直补、免征农业税等等，都是政策方面的措施。今后的农民增收，不可能再简单地依赖政策，而要靠体制创新。过去一家一户的小农经营方式和承包制只能解决农民的温饱问题，不能解决致富问题。农民要致富，只能靠农业的规模经营。现在大量农民迁入城市，即使 2000 万农民工返乡，还有 1 个多亿的农民留在城里。这么多农民进城以后，土地就可以集中。现在中国一方面面临粮食安全的问题，同时又出现土地撂荒问题。土地撂荒的原因就是种粮不赚钱。一方面，我国耕地稀缺；另一方面，农村土地撂荒或者能种两季的只种一季。要解决中国的粮食安全问题，就得让农民种地能赚钱能致富，这要靠规模经营，真正解决农村土地产权问题，这是回避不了的。道理很简单，农民要规模经营，就要买生产资料，买农业机械。没有钱他买不了，过去一亩多地，手工就能干下来，规模经营以后，手工干不了，农民就需要贷款。但农民的房子没有房产证，土地没有产权证，没有任何东西可以抵押给银行。现在农村的小额贷款一般只能贷几千元，是满足不了农民规模经营对资金的需求的。

农民增收应成为国家战略^①

　　刚才我听了四位来自地方的官员和两位教授的发言，有一个强烈的印象就是，大家都认为我们现在到了这样一个时期，农村改革应该解决农村土地产权问题。小平同志当年讲农村改革有两次飞跃，第一次飞跃是家庭联产承包责任制，第二次飞跃是土地的规模经营。刚才几位专家发言，大家都有一个共同的判断，即我们要推动耕地流转，实行规模经营。

　　考虑"三农"问题，其实有两个目标。第一个是农民增收，第二个是国家粮食安全。国家的粮食安全说到底是农民要增收，农民种粮食收入越高，国家粮食越安全。农民种粮不赚钱，国家粮食就不安全，归根结底是一个问题，可以合二为一，就是农民增收。

　　前年2月中旬，温家宝总理在中央党校发表讲话，他说当

---

　　① 本文系作者 2008 年 11 月 3 日在"中国经济观察论坛"的总结发言。

时他正在思考三个问题，哪三个问题？第一个问题，新农村建设和经济长期稳定增长是什么关系？他说想来想去是一回事。为什么是一回事？今天我们都看到，过去我们的经济增长主要靠投资，靠出口。当时温总理提出来，如果我们的经济长期稳定单纯靠投资，靠出口恐怕难以为继。中央的设想是到 2020 年中国全面小康，我们的经济增长速度不得低于 7%，这在历史上、国际上是没有先例的。

一点不错。这些年我本人出访过欧洲、北美，他们的政府要员、大学教授都会提出一个问题，中国凭什么能够高速增长四十年？回答这个问题，老实说我心里不是很有底。温总理说，关键要看我们能不能持续拉动内需。现在我们看到美国次贷危机以后，美国经济不景气，欧盟也不景气。美元单边贬值，人民币大幅升值，从 2005 年以来升了 25%，我们的出口竞争力下降了，出口出不去。如果我们国内需求上不去，中国经济长期稳定就没有保证。所以当时温总理讲，关键是要拉动内需。

十七大提出转变经济发展方式，第一条就提出要坚持扩大国内需求，特别是消费需求的方针。启动内需当然要启动广大农村农民的消费，而要提高农民的消费就要提高他们的收入。所以从这个问题上来讲，研究"三农"问题，研究农民收入问题，不仅仅是农民问题，更是事关国家经济全局的战略问题。所以温总理说二者是一回事。

温总理思考的第二个问题，即新农村建设和城镇化是什么关系？他说他想来想去也是一回事。刚才各位专家都谈到了，现在农民人均耕地 1.4 亩，就在一亩四分地里做文章，无论种什么，农民也富不了。联产承包责任制解决了中国农民的温饱问题，但是农民致富的问题远未解决。有目共睹，这些年农民收入在低水平上徘徊。如何解决农民致富的问题，现在大家有个共识，必须实行规模经营。土地要规模经营，一个农民种地多了，就有大量劳动力要多出来，怎么办？出路在农业人口非农化、城市化。农民要进城，如果我们城镇化的步伐跟不上，我们的工业化滞后，农民找不到工作，不能在城里安居乐业，农业人口就非农化不了。所以温总理讲要靠推动城镇化，加快工业化带动新农村建设。因此，温总理说二者是一回事。

温总理思考的第三个问题，农业现代化和新农村建设是什么关系？他说也是一回事。中央讲新农村建设五句话：生产发展，生活宽裕，乡风文明，村容整洁，管理民主。温总理说关键是生产发展，生活宽裕。农民生活宽裕了，才能拉动内需。农民要致富，靠一家一户的小农生产方式不可能。我们从1978年年底推行联产承包到现在三十年，三十年时间足以证明，分散经营农民不可能富，所以必须用现代农业组织方式与现代农业科技改造传统农业。正是从这个意义上，温总理讲农业现代化和新农村建设也是一回事。

温总理思考的三个问题，落脚点其实就一个：提高农民收入。我们现在方向明确，好比过河，要到对岸去，我们必须找到桥。那么桥在哪儿呢？我体会就是统筹城乡，靠土地规模化经营。一个城镇化，一个规模化，这就回到了我们今天论坛的重点，就是土地如何集中。我向大家介绍经济学部课题组近几年做过的三次调查，我讲三件事给大家听。第一次调查是2005年年底，中央提出新农村建设以后，我们课题组十多人到河南豫东平原12个县做了大规模的调查，这次调查给了我们强烈的刺激就是，农民种粮食太苦，种粮食太穷。豫东 12 个县对国家粮食安全举足轻重，现在全国 10 斤粮食当中，就有 1 斤粮食是河南农民种的；而河南粮食 4 斤当中，就有一斤是豫东平原 12 个县的农民种的。所以，可以说这 12 个县的农民对国家粮食安全的贡献居功至伟。

可是当我们在豫东走访调查的时候，我们看到当地农民真穷，你想象不到。这 12 个县，全部是国家级贫困县。农民为什么穷，农民说是种粮食种的，种粮食越种越穷，越穷越种。这些年党中央、国务院为了扶农、惠农，出台了很多政策，农业生产综合直补，免征农业税。可以说中央政府对农民的政策，能用的都用了，可农民并不满意。那么，怎样做农民才能满意呢？

我请教过农民，农民说要让他们多种地，一亩四分地不行。河南豫东平原人均耕地最多的扶沟县 1.8 亩，其余都是 1.4 亩、1.5 亩。农民反复讲，种 1 亩地不能富，种 20 亩才能富，1 亩地收入是 500 元，20 亩地能挣 1 万元，农民月平均收入 800 元，和城市打工的人均收入持平，所以农民就认为富了。当时《21 世纪经济报道》的记者采访我，我说土地规模经营至少要 20 亩，我称之为"20 亩熔点效应"。

农民普遍提出规模经营，那么土地如何集中？当时我有个设想，成立国家土地银行，以土地银行为依托来集中。在豫东我们开了两个座谈会，一个是请进城打工的农民工座谈，我对他们讲，你们在城里打工多年，老婆、孩子也进城了，能不能把地让出来？现在有土地银行，每年给你租金，他们说同意。我问要多少钱呢？他们说 1 亩地一年最少要 300 元。回过头我们再找留守在农村的种田大户，问他们如果把 20 亩~30 亩耕地租给他，1 亩地给多少租金？他们说一亩地最多出 200 元。我一听就麻烦了，1 亩地倒挂 100 元，全国可规模经营的平整耕地若 5 亿亩，那就是 500 亿元。如果推广，一年得 500 亿元，500 亿元从哪里来就成了难题。

我的观点是要国家财政拿。为什么要财政拿？我的理由是，国家要保护耕地。为什么？因为国家要保障粮食安全。那么粮食安全是谁的事？关农民什么事？粮食安全是国家的粮食安全，是在座各位的粮食安全。国家要保证粮食安全，就是国家的责任。粮食安全是公共产品，国家财政拿钱向农民买粮食安全是公平的。所以我说这 500 亿元应该由国家财政出。可是让财政拿出 500 亿元搞这件事可能性不大。于是我想到能不能向城市中等收入以上的人收一点粮食安全税，这也难。因为要通过全国人大立法。所以我后来感到，土地银行有条件的地方可以做，但在国家层面没有推广价值，我本人也不再强调这件事了。

我讲第二件事是成都的地权改革。今年 3 月我到成都都江堰去讲学，他们正在探索农村地权改革。与刘书记谈了几个小时，又专门请分管领导谈了一天。我觉得这事非同凡响，值得重视。我一直在跟踪，到 5 月份地震了，成都不让去了。7 月份带课题组赴云南调研，任务结束后我们还是去了成都。为何一定要去成都？因为他们的农村地权改革走到了前头。

有意思的是，我们在成都温江与都江堰调研时，发现那里的官员都很明白产权理论。他们都会跟你说，他们的农村地权改革不是私有化。为什么呢？因为土地集体所有制没有变。的确，产权与所有权不完全是一回事。产权指的是财产使用权、收益分享权、转让权，三权加起来就是产权。所有权是法律的归属权，指这个东西归你不归我。借贷资本产生之前，产权依附于所有权，而借贷资本产生之后，产权就与所有权分离了。比如银行每天发放贷款，请问银行贷款的资金是谁的？是我们储户的。我把100万元存到银行去，银行给我一个存折，是我的所有权证书。所有权体现在什么地方？银行定期给我存款利息。也就是银行通过支付存款利息，从我们手里把产权买过去了。钱存到银行后怎么使用，收益怎么分享，包括怎么转让与我们存款人无关，银行说了算。为什么银行说了算？因为银行有产权。

还是让我说成都地权改革的意义吧。大前年中央提出工业反哺农业，城市支持农村。那么怎样反哺？如何支持？老实讲我当时也不清楚。中央财政可以增加对农村的投入，但靠市场机制怎么反哺？我没有答案。我跟振华同志专门到了云南，到了一个市，到了一个县，请他们县委书记、县长座谈，我听了半天听不懂。他们说他们都做了。我问怎么做的？他们答不出。尽管他们帮农民修了路，房子也粉刷得雪白雪白的，但不是靠市场机制，仅是财政拿钱做的。

比如农村金融问题。现在农民最缺资金，需要贷款，可现在农民得到的贷款只占农民存款的60%。而城市工商企业把农民的存款还用了40%，你说怎么反哺？现在不要说城市支持农村，就是农民把自己的存款能不能用回来都是问题。怪银行吗？不能怪银行。现在银行也是企业，它要追求贷款的安全性与收益。明摆着现在为农民贷款的安全性肯定不如企业高，企业有资产抵押，农民什么都没有，房子没有房产证，土地只有经营权，他们凭啥从市场取得所需要的经济资源呢？

我的看法，关键在产权，延长土地延包期重要，但不是最关键的。农民没有产权，我们把土地延包70年有用吗？就是延到100年，没有产权法律上也不能抵押，银行绝不会接受没有转让权的东西做抵押。由此可见，多年来由于耕地产权不完整，制约了农民不能作为市场主体进入市场。我觉得成都地权改革的意义，就在于它给了农民完整的耕地产权，从此农民有了财产，变成了有产者，可以拿自己的财产抵押贷款，也可以入股投资。总之，它为农民打通了一条进入市场的通道。将来历史怎么评价那是后人的事，但我说它将载入中国改革的史册，大家不会怀疑吧！

第三件事我来说说山东枣庄。8月底，枣庄市市长陈伟来北京，我们见了个面。他说他那里土地合作做得好。好在哪里？好就好在农民自发成立土地合作社。他本人是管理学博士，能说会道，我想他讲的话会不会有水分？是不是真的有那么好？眼见为实，我当时没表态，只说要去看看。

9月初我就去看了，王广金秘书长全程陪同。我从市里到县里，然后到村里，见到徐庄土地合作社的主任，叫张凯华，我们聊了两个小时。他口音很重，我湖南口音，他山东口音，相互听不懂，还得有翻译。我看了之后，感到他们的做法与成都又有不同。之前张凯华是村里的会计，一个会计把四个村的280多户农户组织起来，自愿入股，成立了一个土地合作社，最初政府是不知道的，这个举动很大胆，也很了不起。

后来政府介入了，并给入社农户发了经营权证。有政府支持当然好，但仅仅发经营权证不够，经营权不含转让权，起码银行不会接受抵押。当时陪我下去的还有人民银行枣庄支行的行长，我问行长经营权能不能做抵押？他说不行。离开枣庄的时候与市长座谈，我说枣庄如果把成都的做法结合起来就好了，农民有了耕地产权，土地可以抵押，银行就可给农民贷款。

回京后连夜写了篇文章，第二天交报纸发表了。没过多久，陈伟市长说，他们那里变化太大了，中秋节那天他们把产权证已经发到农民手里。我说这是个很好的研究样本，政府做得非常好。我讲这话什么意思呢？就是要推动农村改革，地方官员胆子要大一些。

改革开放三十年了，我发现有一个带规律性的现象：突破在地方，规范在中央。中国的任何一项改革凡是自下而上的都成功，凡是自上而下的都不大成功。农村改革自下而上，都是地方从实际出发突破的，搞成功了，搞好了，中央出面加以规范就行了。改革是有代价的，有风险的。改革是做什么？是做前无古人的事情，是别人没有做过你做成功了叫改革。安徽小岗村的农民是改革，其他各个地方都是落实中央精神，按文件办，一点风险都没有叫什么改革？我认为改革是有一定风险的，有代价的。我们推动农村改革的方方面面，包括我们的媒体都要给改革者一个宽松的环境，包括学界也要有宽松的环境，要允许试，要允许闯。成都在闯，枣庄也在闯，所以我们予以热情的支持。

今天各位专家的发言我都赞成，但是我有两个问题没想通，这里提出来供大家思考，也供各位发言的领导思考。第一个问题就是如果这次三中全会以后土地承包延包不变，经营权承包能不能解决农民作为市场主体进入市场的问题，能不能解决农

附录

263

村生产要素包括耕地抵押融资的问题，能不能解决中国农民的国民待遇问题。我们工业企业可以上市进入资本市场，如果农民土地只有经营权，将来农民自己做的合作社或者公司，而一个没有财产转让权的经济体能不能上市？也就是说不解决农村土地产权问题，农民是不是永远不能有上市的机会？这是我提出的第一个问题。

第二个问题，我9月初在枣庄的时候没想到，但是现在有点想法。枣庄土地改革的用意肯定是好的，保证土地不挪作他用，保证农民不失地，要抵押贷款，政府规定农民土地抵押不能超过3年。这个规定恐怕有违交易自由的基本精神。为什么是3年，不是2年，不是5年。如果农民土地需要整理，需要长期投资，为什么不能贷20年？政府的手该伸多长，怎么介入，政府干预到什么程度，这个问题恐怕要好好研究。

我个人的看法，政府不一定比农民聪明，我们这些学者、专家也好，领导也好，总是想为农民办点事，觉得我们比农民聪明。有人担心，把土地产权给了农民，农民变成"三无"人员怎么办？我说这是杞人忧天，农民不蠢，农民怎么会呢？农民有耕地产权，如果在城里买了房子，有了社会保障，他又考虑不打算回农村，可能会卖，一般人绝对不会卖，入股、转租都有可能。这些年我跑了不少地方，我感觉农民宁肯抛荒，不肯失地。若土地转让权有50年，农民会5年5年转租出去，绝不会一次把50年全转租让掉。所以农民进入市场时的有关合同条款怎么定，一定要尊重农民，政府不必搞什么框框。有些事政府要引导，但不要太细。

对话山西 "三个发展"[①]

国际金融危机尚未见底，山西经济社会发展正处在一个关键时期，既面临方方面面的严峻挑战，也存在许许多多的难得机遇。"牢牢把握以人为本这个核心，努力实现转型发展、安全发展、和谐发展，加快建设新基地新山西进程。"这是省委、省政府在深刻领会科学发展观，深刻认识省情的基础上作出的重大决策，是山西省深入开展学习实践科学发展观活动的主题、载体和战略重点，也是进一步推动全省走出"四条路子"、实现"三个跨越"的有力抓手。

山西要实现科学发展，最关键的是要做到转型发展、安全发展、和谐发展。5 月 8 日，在省委中心组 "资源型地区转型发展" 学习报告会结束后，《山西日报》记者就如何进一步提升和深化对 "三个发展" 的理性认识，专访了王东京教授。

---

① 本文是《山西日报》记者胡羽对作者的专访，发表在 2009 年 5 月 13 日《山西日报》。

转型发展——科学发展的前提

　　围绕由资源依赖型向创新驱动型转变，深化结构调整，激发企业活力，建设生态文明，推进科技创新，加强园区建设，抓好城市建设，推进经济社会协调发展和能源基地全面转型。

　　记者：山西处在一个全面转型的关键时期，作为老工业基地，作为能源基地，就要下大决心走新型化、创新发展、可持续发展的路子。如何推进转型发展，才能最大限度地减缓国际金融危机对山西经济的影响，进一步增强科学发展的内生力和持续后劲？

　　王东京：我最关注的一个问题是政府在转型发展中应该做什么，政府如何定位，这是一个关键问题。经济发展的主体是企业而不是政府，这个观点要明确。发展得好不好，首先是企业的问题。企业是经济主体，是市场主体。政府是"导演"，而不是"演员"。究竟怎么发展，政府这个"导演"当然可以安排，通过你的产业政策，通过你的规划，通过你的政策倾斜，让企业登台表演。不过，最终"演戏"的还是企业。

　　山西是能源重化工基地，主要靠煤炭，靠资源。但是，资源总有枯竭的一天。资源型企业的单一结构，对生态环境的污染和破坏，所造成的整体代价是非常高的。山西要实现科学发展，不转型不行，非转型不可。转型发展的含义，第一就是产业多元化，从过去仅仅依靠第二产业向第一产业、第二产业、第三产业协同拉动转型；第二就是新型工业化，从传统工业向新型工业化转型，关键在于用高新科技提升和改造传统产业。山西提出的"转型发展"，与中央提出的资源节约型、环境友好型的"两型社会"建设是一致的。

转型发展，高新科技支撑不可少。山西的优势，还是资源优势，这个优势不能丢，肯定不能放弃。既然资源优势不能丢、不能放弃，那么就应用高新科技提升和改造资源产业，使其符合新型工业化的发展方向。新型工业化的基本特点，简单地说就是"三高"（高科技、高效益、高就业）"两低"（低能耗、低污染），起杠杆作用的是高科技。高科技从哪里来？充分发挥山西本地的科研院所作用，这是毫无疑问的。怎样借助外面的科研优势？要有开放意识。山西要实现转型发展，既要激活本地的科研成果，还应导入国内外的科技成果，这就需要推进产学研一体化，构建公共科技中介服务平台。

转型发展，利益机制保障不可无。就拿循环经济来说，有一个利益机制的问题。对于一个企业来讲，链条往下延伸，经济效益是递减的，生产成本是递增的，社会效益是递增的。政府要求企业回收排放物循环利用，可是企业这样做产生的社会效益却变不成经济效益，这就是市场缺位、市场失灵。要使市场不缺位、不失灵，就需要政府跟进。比如，对企业搞循环经济项目，政府或免税或补贴，让企业有积极性去做。不然的话，循环经济只能是口号，是做不起来的。

转型发展，就煤炭企业而言，难题在于今天挖煤明天卖，马上就有真金白银。而转型则需要很长时间和很大投入，肯定耽误挖煤赚钱。利益得失一掂量，企业为啥还要马上转型。要知道，企业是转型的主体，它不转型，政府光号召是没有用的。

解决企业转型难题，政府需要制定和出台一些导向性的政策，刺激和激励企业自觉转型、主动转型。产业要转型，经济要转型，就要"停车""换车"。我这个"车"已经有问题了，能耗太高，就要"换车"，这要一种壮士断腕的勇气，需要一种道义担当的心态。没有这种勇气和心态，转型发展就有可能半途而废，就会夭折。

转型发展，文化产业和旅游产业是新途径。文化旅游，是山西的天然优势，是祖宗留给山西人的宝贵财富。把文化优势转化为产业优势，最大的问题是能否做出赢利模式。山西的旅游要打文化牌，提高人文内涵，这样的话，旅游的含金量就大，附加值就高。山西的文化和旅游两个优势是天然的，只要投入、整合就行。促进文化产业和旅游产业发展、繁荣，政府既要介入文化产业和旅游产业的基础设施建设，以创造良好的招商引资环境；另外，还要介入文化产品和旅游产品的创意和开发，以增强产品人文内涵的权威性。这样一来，定会大大提升山西文化产业和旅游产业的竞争力，迎来山西文化产业和旅游产业的大发展、大繁荣。

安全发展——科学发展的保证

围绕实现安全形势根本好转，牢固树立以人为本的理念和大安全观，严格落实企业安全生产和政府安全监管两个主体责任，在加强安全生产专项整治上下工夫，在全面提升安全管理水平上下工夫，在健全安全发展长效机制上下工夫，切实加强安全建设。

记者： 山西作为资源大省，要切实解决安全生产这个棘手难题，安全发展理念不但不可少，还应进一步强化，贯穿到政府、企业和社会的方方面面。如何推进安全发展，尽最大可能消除不安全生产的种种隐患，进一步提升科学发展的保障性和人文关怀？

王东京： 安全发展的问题，其实与山西的产业结构紧密相联。资源性企业多，安全隐患就多，所以必须致力于安全发展。解决安全生产的问题，从根本上来看，就是要推进和实现发展方式的转型，不然的话，安全事故防不胜防。安全生产，虽然与设施、技术、装备有关，但是美国等发达国家，设施、技术、装备很先进，却也难以避免安全生产事故。由此可见，转型发展是安全发展的前提，它能够从源头上切实保证安全发展。

安全生产问题，对于小煤窑来说，尤其棘手。安全生产事故，发生在哪一个矿、哪一个企业，这个概率是不确定的。作为一个企业，它是怎么算的账？不出事故，赚钱很多；出了事故，赔点钱了事。久而久之，企业就会生成一种侥幸心理。要解决小煤窑的安全生产问题，就要发挥国有大矿的作用，符合安全生产的收购兼并，不符合安全生产的强行关闭。

安全生产，还有一个责任追究的问题。政府抓安全生产，只是外部的因素，倘若企业内部不重视，无论你外部怎么抓，都难以从根本上解决问题。安全发展，重在法律监督和利益约束。就拿安全事故的赔偿来说，在美国、俄罗斯等西方国家，一旦出了安全事故特别是矿难，对企业主的判刑最长达两百年，相应的罚款也很重，甚至倾家荡产、终身监禁。企业主作为经济人，是要算账的。只有让企业主认识到出了事故得不偿失，他们才能自觉重视起安全生产来，因为几年甚至十几年赚的钱，还不够赔偿一次事故的。可见，对于安全事故要用重典。

推进和实现安全发展，关键在两个方面：一是加快发展转型的步伐，从源头上减少安全生产的隐患；二是加大政府监管的力度，对企业实行更有效的法律和经济约束。

和谐发展——科学发展的目标

围绕保障和改善民生，实施更加积极的就业政策，开展创业型城市创建活动，完善社会保障体系，解决好困难群众的生产生活问题。

记者：欠发达，是山西的省情。对于山西来说，和谐发展是一个很现实而繁重的艰巨任务，须有发挥后发优势的胆识和魄力，需付出千百倍的艰辛和努力。如何推进和谐发展，正确处理好人与自然的关系、人与人的关系，进一步凝聚科学发展的向心力和群体智慧？

王东京：和谐发展，一方面是人与自然的和谐，资源节约，环境友好。发展是有代价的，从一个贫穷国家向现代化迈进，有一个起步阶段，有一个时期的粗放型发展。到了工业化中期阶段，有了一定的工业基础，有了一定的财富积累，就应该考虑环境问题，即人与自然的和谐。

另一方面，是人与人的和谐。现在，虽然人们的收入增加了，生活改善了，但城乡收入差距、各阶层收入差距这些年却扩大了。经济学上有一个"幸福指数",只要人们都感到幸福、满意,那人与人之间就和谐了;反之,人们感到不幸福、不满意,那社会就不会和谐。"幸福指数"取决于人们的主观幸福感受,幸福感受与收入多少有关系但不是主要关系,人的幸福感受来自于比较的参照。一个人损失的痛苦远远大于他等量得到的幸福。由此可见,在发展过程中,我们要最大限度地减少老百姓的损失,绝不能损害人民群众的切身利益。

推进和实现和谐发展,政府一定要在调节收入分配方面有所作为。既要通过一些扶贫措施、社会保障,在民生方面进行大的投入,又要在调节城乡收入差距、各阶层收入差距方面多谋划。

和谐发展,是发展的更高阶段,是发展的更高层次。和谐发展,是我们的目标,是我们的目的。建设和谐社会,是我们的最高境界和美好愿景。

不知不觉间,一个多小时过去了。在采访即将结束之际,王东京教授意犹未尽地阐释起"三个发展"的内在逻辑关系来:山西省委、省政府提出的转型发展、安全发展、和谐发展,非常符合山西的发展实际。"三个发展"的内在逻辑关系应该是这样的:转型发展是安全发展、和谐发展的前提,安全发展是转型发展、和谐发展的保证,和谐发展是转型发展、安全发展的目标。

健全土地流转机制是当务之急[①]

现行农业政策已碰到"天花板"

从政策上对农民增收问题做出的努力已经很彻底了，但是问题却没有真正解决，这成为我们今天的严峻挑战。

《中国经营报》：十七届三中全会后，中国农村启动了土地流转改革，这有可能是继上世纪 80 年代实行土地承包制后的第二次重大变革，为什么在这个时候推进这次重大变革？

王东京：第一个原因是国际市场粮价上涨，粮食短缺，中

---

① 此文发表在 2008 年 10 月 27 日《中国经营报》，由该报记者唐清建、张景宇、实习生梁育宵采写。

国的粮食安全也成为世界关注的问题。第二个问题是美国的次级债危机，美元单边贬值，人民币升值。从2005年到现在，人民币升值了25%，也就是说我们的出口产品价格涨了25%。隐含的另一层意思就是，中国经济要保持持续稳定高增长，光靠出口带动已经行不通了。因为国际市场没有那么大的空间。因此，中央提出了要转变经济增长方式，经济增长由投资、出口带动转变为扩大内需的思路。

这个思路温家宝总理在2006年就提出过，他指出新农村建设与中国经济的长期稳定增长是一回事。他强调，经济增长不能单纯倚重国际需求，必须依靠国内需求，而刺激国内需求的重点，就是启动广大农村农民的需求。但现实不是说农民没有需求，而是没有购买力。所以刺激农民需求最关键的是提高农民的收入。因此温总理讲新农村建设的重点是生产发展，生活宽裕，通过发展生产提高农民收入。

《中国经营报》："三农"问题一直是我们国家工作的重中之重。据你了解，中央解决"三农"问题的基本思路是什么？

王东京：怎么发展生产，提高农民收入，我们做了好多年了。从上届政府开始，国务院就推出了一系列的政策，总体上讲分为四个阶段。

最先提出来的是农业产业化。从理论上讲，这个政策帮助农民增收是没有问题的，因为农业与工业相比，赚钱能力明显偏低。比如说农民不卖棉花，而是把棉花加工成棉纱、棉布出售，都比卖棉花强。先加工，再销售，做到产、制、销一条龙，可以获得比单纯种地更多的收益。

结果在推行下去的时候遇到了困难。因为一个农民一亩三分地，一家三四口人，就五六亩地。如此少的粮食产量不可能搞深加工，搞产业化，也没有投资、没有资本来搞产业化。真正搞产业化的还是有钱人，所以产业化带来的好处农民没有分享到。

这个方案行不通，就开始实施农业产业结构调整。上世纪90年代后期，粮食生产出现阶段性过剩，粮食供过于求，卖不出去。针对这种情况，当年朱镕基总理就讲：粮食不挣钱可以种其他赚钱的东西，调整农业的产业结构。朱总理讲的是对的，但是到县里的执行却变样了。比如种药材，起初东北种药材的农民都赚了钱，后来县长一看，就号召全县农民都种，大家都种就过剩了，农民就赔本。比如养水鱼，在南方洞庭湖，一开始赚钱，后来也是县长号召都养水鱼，把整个县变成了水鱼养殖基地县，结果供过于求，农民亏得血本无归。所以后来农民的说法就是，你调我调大家调，调来调去卖不掉。

接下来，上届政府推出了第三个办法——粮食流通体制改革。其初衷肯定是帮助农民致富，保障农民利益的。既然种粮食不挣钱，就决定运用财政进行补贴。怎么补？最后决定通过购销环节来补。粮价改革当时有三句话，叫做"按照保护价敞开收购，顺价销售，封闭运行"。

敞开收购就是有多少收多少，而且按比市场粮价高的保护价收购。比如市场上粮价每斤是7角5分，国家收购就要按照8角收。但是这样也出现了问题——顺价销售实现不了。因为市场上的私人粮商都是7角5分卖，而国有粮食企业收购价8角，要是顺价 8 角 5 分卖，根本就没人买。国有粮食企业高价收上来的粮食，卖不出去，粮仓也装不下。

这时，政府又出了一招：打击私人粮商，垄断国家粮源。就是不让私人粮商下乡收粮食，粮商只能从国家粮站批发。可是有一个问题没有想到，那就是国家想垄断粮源却垄断不了。尽管那个时期我们管得很严，在各交通要道设卡检查，限制私人粮商。后来发现粮商倒是不下乡了，但是农民自己跑到城里把粮食给他送去。因为粮商过去也是农民，他们的亲戚都把粮食送给他们来卖。垄断不了粮源，这个政策就实施不下去了。

第四个办法是国家推行农民费税改革。这些措施的确帮助农民增收了，一户一年基本上增收了 50 元到 90 元，但是这点儿钱并不能帮助农民致富。

《中国经营报》：本届政府的思路是什么？

王东京：2003 年政府换届后，温家宝总理对农民增收问题一如既往地重视，也有几个举措。第一个就是将上届政府的粮食流通体制改革的思路换了，从补粮店转为补到农民手里，加上农药化肥、买种补贴，加起来平均 1 亩地 50 元左右，一家大概 6 亩地，合起来也就 300 元。但是最近几年的农药、化肥、种子涨价，基本上把这种补贴抵消掉了。再说，就是农药、化肥等不涨价，农民凭借这 300 元也富不了。

另一个重大的举措就是全国免征农业税，在中国存在两千多年的皇粮国税不收了！这对农民来说是一个利好，但是仔细算算账，农民还是富不了。2005 年全国的农业税是 400 多亿元，分摊到 8 亿多农民头上，也就是 50 多元。

现在来看，从政策上对农民增收问题做出的努力已经很彻底了，但是问题却没有真正解决，这成为我们今天的严峻挑战。

规模化经营、放开粮价是增收的两大"法宝"

当年邓小平讲农村改革有两次飞跃，第一次就是家庭联产承包责任制，解决了温饱问题，另一次就是土地规模经营，解决农民的致富问题。

《中国经营报》：你们在日常的调研中，有没有关于农民增收问题的解决方案？

王东京：我个人认为，解决这个问题的大思路、大战略在中共十六大已经有了。当时说的是推进城镇化进程，推进农业人口的非农化，我觉得这句话是解决"三农"问题的根本点。

后来胡锦涛总书记进一步提出了科学发展观，推进五个统筹，第一个就是要统筹城乡发展。什么意思呢？就是说解决"三农"不能就农说农，这样是一盘死棋，永远也走不出困境。要按照城乡统筹的思想，把农业的文章做到工业化、产业化上去，把农村的问题做到城镇化上去，把农民的问题做到农转非上去。现在我们人均一亩四分地，你让他种什么都富不了。

那么怎么做才好呢？我们在河南调研，河南的豫中平原是中国粮食的主产区，现在全国粮食的 1/10 是河南农民生产的，可以说地位举足轻重，但是豫中平原有 12 个县都是国家级贫困县，都是种粮食种穷的。当地流传一句话：粮食越种越穷，越穷越种。调研时我们就问农民怎样种粮食才能致富？农民说，除非让我种 20 亩地的粮食。这就是规模经营，1 亩地的收入是 500 元，20 亩地就是 1 万元。

所以，我认为保证农民致富的关键就在于土地的规模化经营。当年邓小平讲农村改革有两次飞跃，第一次就是家庭联产承包责任制，解决了温饱问题，另一次就是土地规模经营，解决农民的致富问题。

《中国经营报》：农村现在实行的是包产到户的承包制，农业用地分散在农户手中，怎样才能实现规模化经营？

王东京：要规模经营，土地就必须要流转，不流转没有办法规模经营。现在的问题是土地如何集中，如何流转。十六大之后，土地的经营权是可以流转的，现在要解决的是以什么样的流转机制来实现。

我们做过一个调查，就是问在城里打工的农民工，如果有一个土地银行（土地托管机构），你们不种的地，是否愿意把它存入土地银行？他们说可以，但他们要的租金一年最低是每亩 300 元。而问那些留守在乡下的农民，如果有 20 亩~30 亩地租给他们种愿意出多少钱？他们最多 1 亩地给 200 元。这一进一出倒挂 100 元。这个钱谁出？土地托管机构是赔不起的。我们的建议是中央财政出。这样做是有理由的，农民种地产粮保证了城里人的粮食安全，进而也保证了国家的粮食安全，所以说粮食也是一个公共产品，财政有义务拿出钱来补贴。但是现在财政上没有这个预算，操作起来比较麻烦。所以这个也行不通，尽管宁夏、山东一些地方在做，但是不能广泛推广。

解决这一难题的办法，就是给农民以土地产权，他们再通过产权入股的方式将土地集中起来使用，实现农业集约化生产。

《中国经营报》：让农民增加收入，除去土地承包权流转以外，是否可以通过提高农产品价格来解决？或者说放开价格来解决？

王东京：粮价上涨对农民增收的作用明显。假设农民 1 亩产 1000 斤粮食，粮价 1 斤涨 5 角钱，就增收了 500 元，比政府的粮价补贴还要多。此前我们也限制过粮价，其初衷是好的，它可以满足一部分吃不起粮食的人的需求，但是城里这部分人毕竟是少数。

如果粮价上涨，财政拿出钱来补贴那些城里的低收入阶层。比如，月收入在 2000 元以下的一年补 400 元。我们可以算一笔账，现在国家对全国 18 亿亩耕地进行补贴，1 亩地一年 50 元，一年要补贴近 900 亿元，这部分钱如果按照每年 400 元的标准补给低收入阶层，能补 2 亿多人。中国城市人哪儿有这么多的低收入者？所以我们不如把 900 亿元拿来补给城里的穷人，而限制粮价，则是用农民的粮食在补全国人民吃饭。换一个思路就是人人补农业。

农民仅有经营权是不够的

延长土地承包期限是一个进步，但仍然不能彻底解决问题。农民仅有经营权是不够的，必须赋予农民完整的产权。

《中国经营报》：土地流转与土地产权及所有权之间是什么关系？拥有土地产权对农民来说意味着什么？

王东京：现在农民拥有土地的经营权和收益权，如果再加上流转权，这就是一个完整的产权概念，就可以将产权证抵押，向银行贷款，用来进行农业上的投资。

现在为什么农民贷款难呢？因为银行在商言商，贷款必须要满足安全性和营利性的要求。而农民这些条件都不具备，土地只有经营权而无转让权，他们没有可供抵押的资产。有了完整的产权之后，银行对农民贷款的态度也会转变，农民需要钱买种子的时候把地抵押出去，再请保险公司做保险，就更没有风险了。在这方面来说，我觉得延长承包期限是一个进步，但仍然不能彻底解决问题。农民仅有经营权是不够的，必须赋予农民完整的产权。

有了产权，土地就能资本化，能进入市场。企业有经营资本，农民也要有经营资本，只有这样，才可能出现农民的上市公司。成都最近把耕地的产权证下发给了农民，这种做法具有很重要的意义。

另一方面，产权下放会巩固农民种地的恒心，提高种地的积极性。在现有的承包制下，农民对土地只有经营权，而没有转让权，只有经营收益，而没有转让收益。如果政府征地发展工业，这部分流转收益农民只能收到一部分，叫做征地补偿，这不是市价，而且农民没有权利说不卖。如果农民对土地具有完整的产权，就有权利自由买卖土地产权，如果价钱不合适，农民完全可以选择不卖。这样农民的权益就得到了保障。

《中国经营报》：这种改革会不会受到地方政府的阻挠？土地流转改革有没有红线？土地流转改革后，会不会造成土地兼并的现象大量出现？是否会导致社会的不稳定？

王东京：我们的工业化、城市化靠盘剥农民，是不合理的。现在，房地产不景气，这个利益链条也就行不通了。因此，工业化、城市化要有新思路。

至于流转的基本前提，是不改变耕地的基本用途。农业的问题做到产业化上，并不是说农业用地要用在工业上，而是农民自己要进行深加工、产业化。农村的问题做到城镇上去，是说加强城镇化，给农村人口提供就业空间。更多的地节约出来，搞规模化经营，并不是改变农业耕地的用途，18亿亩耕地是个红线，是不能动的。

产权下放之后，所有权仍然是集体的。打个比方，你往银行存钱，存折就是你的所有权证书。钱存入银行之后，他可以投资，怎么使用是不用和你商量的，投资收益也是银行的，也跟你没有关系，你的权利是所有权。所有权怎么体现？就是凭存折取得利息。

所以，第一要弄清楚，我们给农民的是产权，不是所有权。第二是农民的主体性问题，农民拿到这个地之后怎么做呢？我想他不会把70年的产权全部卖出去。可能的做法第一是产权入股，建立合作社。土地是农民的保障，他不会轻易卖掉，而是要入股；另一个是到银行贷款，发展生产。急用钱的时候，把产权暂时转让出去，到期收回来，还可以自己耕种。山东枣庄的土地交易所成立已经七八年了，电子屏上显示土地转让期限，大多是 3 年、5 年、8 年。

到哪里寻找大智慧

微微

对于一个长年累月默默耕耘而无怨无悔的农夫来说，稻穗自然会以满地的金黄来报答他；而对于常年笔耕不辍而又精益求精的经济学家王东京教授来说，在丹桂飘香的金秋时节，自然又收获了一份沉甸甸的喜悦——《中国的选择——王东京经济观察》（中国青年出版社 2008 年 10 月版）。

"眼前分明外来客，心底却是旧时友。"翻开《中国的选择》，相信细心的读者会有这样的第一观感。是的，也是在 2006年金秋十月，中国青年出版社推出了王东京教授的《中国的难题》，很快一版再版，热销市场，迄今来电来函索书者仍源源不断，市场热度可见一斑。您真是位有心的读者，也是位幸运的读者。《中国的选择》是王东京教授继《中国的难题》后的又一部经济学随笔集，汇聚了 2006 年 10 月以来的专栏文章，曾一度热刊《21 世纪经济报道》，如今辑录出版，算得上《中国的难题》的姊妹篇。与《中国的难题》比，同样观点犀利、文风简约，同样触及热点难点多多，同样经世济民并论，国是家私共商。淌着油墨的馨香，亦如《中国的难题》一样，《中国的选择》奉上至诚与智慧，呈现在你我面前。

读王东京教授的书，我建议先读目（目录）。改革过大关、居者有其屋、和谐万事兴、人口双刃剑、市场观潮、发展是硬道理、制度与规则、立足内需、守住货币闸门、科教兴邦、经济学与经济学家等十二个章节，还有大大小小六十余篇美文色彩缤纷地涌入你的眼帘。此时，你的心是轻灵的，你的双眸是活跃的，仿佛面对人间美味。其次，读要（摘要）。六十余篇文章，报上连载得花上一两年的时间，在这里你只需几分钟就能通观全貌。此刻，你活跃的眸子里一定有闪动的火花，抓住它！寻着它的方向追到底。等你凝神静气、大快"朵颐"完了，你一定神清气爽，举双手赞成作者的主张：国民收入应向个人倾斜、政府不必补贴富人、补砖头不如补人头、个税不妨网开一面……有时你也会百感交集，后悔没早听教授的忠告（如房价升值不是铁律、普洱茶涨价的分析等），谨慎行止，理性看待房市、股市、普洱茶市……有时你还会为教授的奇思妙想忍俊不禁，也许正是自己当年被评而今身为高评委评他人的双重体验，有感而发写下了《评职称为何不能抓阄》，读罢全文，你还会因评职称而有什么不能释怀的吗？

其实，王东京教授的书更值得细读，而且也经得起推敲。《中国的难题》如是，《中国的选择》亦如是。你得细嚼慢咽，思前想后；你得吸收、反刍、思索、质疑……等你如此这般地完全读懂了读通了，你会若有所思，另有发现：小文章寓意大乾坤，一点不假。例如《大部委制妙不在大》一文直陈"三忧"：一忧官员难分流，二忧功能难整合，三忧机构大而无效，并针对"三忧"提出"三策"。再看《8000亿空账的着落》，文章披露，社保基金因政府为救眼前之急，"拆东墙补西墙"，光养老金空账就高达8000亿元。忧心这巨额亏空，于是撰文敦促政府早谋良策。小小文章，要言不烦，大道至简，论民生谈国运，立意转动大乾坤！

如今市面上谈经济问题的图书很多，写得并不深奥的也有的是，为何这些书中有的读起来就一头雾水呢？关键是我们想要的东西书上没写，而写的东西又通常是我们不感兴趣的。有的书甚至让人花很多时间和精力学一堆花里胡哨的名词，一碰上实际的经济问题却无所适从，不堪一用，这样的书谁有兴趣看呢？还有一类书，问题抓得通俗，但文字生涩、冗长，可谓俗而不通、俗而不畅。这些书莫说是要你买，就是请你看，你还得掂量掂量。王教授的书就不同，题材新颖，格调清新，篇篇可读，篇篇耐读。官员读它，决策所需；学者读它，研究使然；百姓读它，能明事理。"读《中国的选择》，哪怕你不参与经济决策，你至少可以懂得决策出台的依据。"有媒体如是评介。何以如此？撇开学术功力不说，王教授的写作过程、写作方法就很值得借鉴。

从现实中找问题，从理论处找注脚。找问题，走遍大江南北，踏遍长城内外；找注脚，贯通中西，融会古今。作者有大学苦读经典的积累，又深谙王国维的"入""出"之道，再依行"行万里路，著一篇文"的个性风格，"《中国的选择》与其说是写出来的，不如说是'走'出来的。"作者在序言中如是诠释，真是恰如其分、一语破的。如此学问根基深厚，逻辑思维极强，责任感使命感极强，再配上一双善于而又勤于发现、精于透析的慧眼，解剖问题时，能见人所未见——深入、全面；分析问题时，能说人所未说——新颖、突出。如《耕地占补应全国平衡》《成都"地权改革"的意义》等文正是作者取材现今轰轰烈烈的基层改革实践，经与理论对接，提炼升华为独创见解，改革之先声。《中国的选择》为我们打开了一扇扇经济理论与现实的窗口，让我们切切实实地了解了如何运用经济学方法来分析研究现实中的疑难问题。平淡的现实由此丰富了，呆板的理论也因此鲜活了。

《中国的选择》全书浸润的是作者与时并进的探索与思考。此时此刻，此情此景，我分明看到了一位充满自信的探索者，一位勤勉的观察家，跋涉在经济理论与现实的丛林中，看到美丽的风景，探得精美的宝藏，便当起了向导，并指给路人寻宝路线，再把取宝密码一并奉上。

还用问到哪里寻找大智慧吗？

微观视角的大笔乾坤^①

王佳宁

　　结识王东京教授，是五年前在京举行的一次学术研讨会上，促膝一谈间感觉他是一位思维灵异、具有独立思想的经济学家。

　　这不，期待了近两年，王东京教授新作《中国的选择》终于呈现在读者面前。捧书在手，又一个沉甸甸的惊喜。东京教授视角独到，书中观点鞭辟入里，言人所未言，令人掩卷遐思。文笔隽永是他一贯的风格。行文平实，时有睿智诙谐之笔让人会心一笑。读罢全书，感觉东京教授呈现的是一幅画卷，一幅催人思考、让人凝思的画卷。

　　《中国的选择》是作者最近专栏文章的辑录。"王东京的文章刊红了一些经济报刊，读热了数十万读者。"京城有媒体如是评价。这种说法丝毫不过分，东京教授在中央党校主持经济学

---

　　① 作者系改革杂志社执行总编辑、编审。

部的工作，繁忙之余为媒体写专栏实在难得。虽然每篇文章都不足 2000 字，然是他心血的结晶。写"小文章"要花十足的力气。冯友兰先生曾在《中国哲学简史·自序》中说过，写小文章"譬犹画图，小景之中，形神自足"。王教授就是这样，善于择其精髓、叙其详要，用精短篇幅来为读者铺展开经济社会发展的宏图阔卷。

曾经想过，东京教授所著《中国的选择》能如此耐读，最主要的，恐怕是与他勤于调研有关。多年来，他行南走北，掌握了大量的研究素材，这使得他的文章充满了细节举证与鲜活的实例。同时，不空不假是他坚守的治学原则。一直以来，东京教授始终站在中国经济转型前沿，努力推陈出新。读他的文字，严谨扎实的学风会深深感染你。例如在《补砖头不如补人头》一文中指出，政府与其建经济适用房，倒不如直接发购房券给穷人，这样不仅可扩大补贴面，还可降低行政成本。作者能有此见解，无疑得益于他在莱芜市的调研。

由于工作关系，东京教授于中央党校接触众多政府官员和商界精英，他深谙教学相长的道理，在答疑解惑之余，特别注重与学员的交流。也正是他有机会与各界精英尖峰对接，才使其观察尤为敏锐。他自己说过，没有与学员的反复研讨，就写不出《8000 亿空账的着落》，没有与学员的直面切磋，也写不出《货币政策当以静制动》与《稳住人民币汇率》等系列文章。是的，读《中国的选择》会觉得篇篇都落在中国经济的关节点上，且极富针对性。

也许是湖南人的缘故，他写文章绝对不转弯抹角，实话实说。近年学界对资本市场多有微词，指责全民炒股助长了投机，东京教授仗"理"执言，力排众议，撰写了《为全民炒股辩护》，他指出，投资于机会是资本追逐利润的天性，政府应打击的是违法交易，但绝不可反对投机，取缔投机就是取缔市场。针对当时股市过热，他在《关键在引导预期》一文中强调，股市泡沫缘于股民对未来股价的预期，消除泡沫不是限制炒股，而是要彻查违规入市资金，普及风险教育以引导股民预期。

东京教授做研究，历来关注民生，从不回避争论。2005～2006 年，国内房价飙升，学界反暴利的呼声四起。为此，王教授一连撰写了三篇文章：《反暴利是隔山打牛》《房产升值不是铁律》《房价的三个火枪手》。这组文章写于 2006 年，当时国内房价一片看涨，许多人对王教授说房价会跌的观点有质疑。然而今天房价果然逆转，如此精确的预见，不得不让人叹服。其实，了解他的人都知道，《中国的选择》中的许多文章都可用事实来验证。不是说他有先见之明，而是因为他有深厚的学术功底与推断力。

我一直认为，优秀的专栏作家是社会最敏锐的神经元。触类旁通，他们会超越自己的专业深入到各个领域。东京教授为文突破了学科界限的束缚，让思想自由驰骋。《大学博导的功用》《评职称为何不能抓阄》《北京的人口问题》等奇篇妙文，以经济学为分析工具，涉足哲学、社会学、管理学等不同领域，为大家提供了一种观察经济社会的新视角。这些文章充满学理魅力和思辨张力，同时又妙趣横生，不同层次的读者，都能从中获得不同的启示，正可谓微观视角的大笔乾坤！

一本走出来的著作

欧阳晓红

王东京教授又出书了！

笔耕十二年，原本写完《中国的难题》想小憩一番的他，奈何不得中国经济变革、世事变迁的"诱惑"，学者的本能促使这位中央党校经济部主任，忙不迭地想要记录、解读那生机勃勃的改革实践。

结果，一提笔又是洋洋洒洒二十余万字，殊不知，那都是王教授行南走北、融经济现象为一体、贯经济学原理之精气，一步步用思考之笔"丈量"出来的。于是乎，一本透着朴素且隽永气息的专栏辑录《中国的选择》浑然天成。

你可以不懂经济，也可以不懂金融，甚至可以不解民生，但是，你认真读完《中国的选择》，至少会开始了解中国特色经济，或者至少开始喜欢了解经济转轨中的中国。

处于经济转轨期的中国正在发生什么，每一项决策、每一次选择因与果背后的逻辑是什么，宏观至汇率制度，微观至加薪的困难等等，在《中国的选择》中，你都可以找到另种释疑与新的视角。触摸当今中国如火如荼的变革，《中国的选择》呈现给你的是一幅中国经济脉络全景图。

与思想者同行，随着王教授的笔尖去点击时下经济热点、社会焦点；而站在思想者的肩上，用第三只眼冷静观察，鸟瞰市场经济中的芸芸众生相，就是《中国的选择》想要施与你的，那种读完之后的高度与深度，想必是你始料未及的。

《中国的选择》全书由十二个章节构成，依次为改革过大关、居者有其屋、和谐万事兴、人口双刃剑、市场观潮、发展是硬道理、制度与规则、立足内需、守住货币闸门、科教兴邦、经济学与经济学家等。而从改革过大关、居者有其屋、立足内需到守住货币闸门等篇章，王教授寥寥数语就勾勒出一幅有生命的、流动的经济律动画卷，其间，那些深奥晦涩的经济学原理全都化成了一个个鲜活的案例，与你分享，让你触手可及；末了，不容你不掩卷深思，顿悟经济发展的真谛。

譬如，在立足内需篇章中的《增值税应当转型》一文里，提及难懂的增值税含义，王教授由浅入深，定义简洁明了，只一句"增了值，即征税，征收对象就是买进卖出的差额"，就把增值税形象化了，读者立刻明白何谓增值税。继而还举例说明，如汽车组装厂，整车卖出去多少钱，购进零部件花了多少本金，进出两抵，剩余部分要交税等。不过，王教授醉翁之意不在酒，而在于诠释目前中国实施生产型增值税的各种弊端……今非昔比，当前国内产业结构面临优化升级，固定资产需更新，生产型增值税却不允许扣除外购固定资产。结论是我国因为采用生产型增值税，退税力度不及国外，必然会影响到国内企业的竞争力。

不言而喻，走过三十年的中国改革开放，已行至历史关口——改革过大关，正如王教授说，能改好改的差不多都改了，再往后走，矛盾越多，问题更棘手。此时此刻，世界注视着中国，社会各界紧盯着决策层对敏感问题的言谈举止，也有政府官员静静守望一隅，以他们自己的方式支持或建议某项决策，抑或表达他们的某种立场。温家宝总理在2008年"两会"期间答中外记者问时说，"今年恐怕是中国经济最困难的一年。难在什么地方？难在国际、国内不可测的因素多，因而决策困难"。

王教授足迹遍布中国城乡，思考之笔触及每一个经济发展中的节点、社会热点乃至冰点。他深入农村、厂矿、机关，与村民、工人促膝攀谈，与政府官员对话，就是为了从中采撷思想碰撞的"火花"。取之精华，挥墨成章，旨在给决策者些许建议，引发有识之士的共鸣，也算是尽学者的一份天职与义务。王教授说："我的选题与灵感都来源于第一线，每一篇文章都是走出来的。"足见其用心之良苦，治学之严谨，不容人不敬佩。

然而，真正的问题不在于问题本身，而在于我们对待问题的态度，以及解决问题的方式。过去人们或许习惯于通过个体甚至群体的极端行为，表达其对经济社会问题的观点，试图寻求解决问题的"捷径"。《中国的选择》将告诉你的是，改革发展无捷径可循，但也没有必要刻意绕弯路；重要的是必须直面困境与"病灶"，智勇双谋，对症下药，方为明智之举。

《中国的选择》一书，描述了一个既可圈可点又险象环生的中国，捧读在手，心随驰骋，于大度之中浏览经济社会万象，于思索之中顿悟经济学逻辑原生态。

发表时间索引

扩需方略

以前事为师（2008 年 10 月 19 日）

4 万亿元扩需资金怎么花（2008 年 11 月 21 日）

为扩需再进一言（2009 年 3 月 14 日）

谁来救中小企业（2008 年 10 月 9 日）

勿误读"积极财政政策"（2009 年 12 月 23 日）

提问金融危机

别高看了经济学家（2009 年 6 月 10 日）

也说中国高储蓄（2009 年 7 月 12 日）

贸易保护成事不足（2009 年 3 月 27 日）

人民币升值中美俱伤（2009 年 5 月 27 日）

倾销是个伪命题（2009 年 10 月 6 日）

保增长促就业

不必担心 GDP "保八"（2009 年 5 月 17 日）

促就业岂可头痛医头（2009 年 2 月 15 日）

发展经济何必总喊"口号"（2009 年 7 月 7 日）

看不见的手

社会热点冷议

他山之石

经济学与文风

附　录

（京）新登字 083 号

图书在版编目（CIP）数据

中国的前景 ／王东京著. –北京：中国青年出版社，2010.6
（王东京经济观察）
ISBN 978-7-5006-9383-3

Ⅰ.①中... Ⅱ.①王... Ⅲ.①经济–中国–文集 Ⅳ.①F12-53

中国版本图书馆 CIP 数据核字（2010）第 114386 号

中国的前景
王东京经济观察

作　　者：王东京
责任编辑：方小玉
封面设计：国立工作室
出版发行：中国青年出版社
社　　址：北京东四 12 条 21 号（邮编 100708）
网　　址：www.cyp.com.cn
门市电话：010–57350370
编辑电话：010–57350503
印　　刷：三河市君旺印装厂
经　　销：新华书店
开　　本：660 × 970　1/16
印　　张：20.5
字　　数：215 千字
版　　次：2010 年 8 月北京第 1 版
印　　次：2011 年 4 月河北第 2 次印刷
印　　数：10001—15000 册
定　　价：36.00 元